선비답게 산다는 것

선비답게 산다는 것

안대회

푸른역사

머리말

옛글을 읽고 옛사람과 대화를 나누는 것이 내가 하는 일이요, 취미다. 그런 점에서 호고벽好古癖에 빠진 사람이라는 평을 들을 만하다. 그렇다고 무턱대고 좋아하는 것은 아니다. 그저 그렇고 비슷비슷한 경험과 생각을 떠벌리는 것에는 식상해 한다. 새로우면서 현재에도 큰 의미를 던져주는 글과 삶은 없을까 늘 찾아다닌다.

그런 생각으로 옛글을 읽다가 선비들 특유의 모습과 흥미로운 사유의 자취를 찾게 되면 메모하고 또 글을 썼다. 한 편 한 편 축적해 놓고 보니 조선시대 선비하면 막연하게 떠오르던 모습과는 적지 않은 차이가 있었다. 틀에 박히고 화석화된 존재가 아니라, 펄펄 살아 움직이는 존재라는 것을 새삼 깨닫게 되었다. 그들이 연출해 내는 삶의 진정성이 글이라는 낡은 거죽을 뒤집어쓰고 있을 뿐이었다.

낡은 거죽을 벗겨내고 다가가 살펴보면 오히려 더 진지하고 따뜻한 사람들을 만나게 되고 그들이 품은 생각과 마음이 보이는 듯했다. 이 땅에 살았던 선비들의 인생과 글은 수백 년이란 시간을 초월하여 여전히 신선한 감동을 던지고 삶의 의미를 되새기게 만든다.

이 책은 그렇게 쓴 글들을 모아 엮은 것이다. 지금 사람들에게는 너무도 낯선 것이 되어버렸기에 몇몇 사람만이 누리는 아까운 옛글 옛사람을 공유하고 싶다는 소망이 의도라면 의도다. 책을 엮어놓고 보니 선비들의 삶과 예술, 사유와 안목이 조금은 되살아난 느낌이 든다.

19세기의 문인이자 화가인 조희룡이 글을 모아 산문집 《한와헌제화잡존》을 엮고서 쓴 발문이 생각난다.

이 작은 제목을 빌려 산만하고 무료한 말을 엮어냅니다. 여기에는 제 마음이 실려 있습니다. 이 책은 어린애들이 티끌을 밥으로 삼고, 흙을 국으로 삼고, 나무를 고기로 삼아 소꿉놀이하는 놀이와 같습니다. 그저 유희에 불과할 뿐 먹지 못하는 물건들임을 아이들도 모르지 않습니다. 하지만 거기에는 밥이나 국이나 고기로 보는 의미가 담겨 있습니다. 이 책은 그렇게 보아 주셔야 합니다.

 조희룡의 글처럼 이 책이 산만하고 무료한 말을 엮은 것이나 옛글 옛사람을 보는 내 마음이 실려 있다. 독자들께도 그렇게 보아달라고 부탁을 드린다.

2007년 2월 남가좌동 연구실에서
안대회

차례 · 선비답게 산다는 것

머리말 5

1부 인생과 내면

무덤 가는 이 길도 나쁘지 않군-스스로 쓴 선비들의 묘지명 15
자신의 죽음을 스스로 애도하다 · 보통 넋에 불과하다 · 강세황의 자명-예술에 대해서만은 집념을 버리지 않았으니 · 내 알겠다, 그의 어리석음을

일기는 이 한 몸의 역사다-13년 동안 써내려간 일기《흠영》 25
13년간 하루도 거르지 않은 일기 · 사대부의 눈으로 바라본 18세기 역사 · 독서 경험과 사유의 기록 · 한 개인의 역사를 철저히 기록하려는 정신으로

진정한 즐거움은 한가한 삶에 있다-이경전과 김정국 식 여유 37
순수한 영혼들이 빚어내는 사연 · 눈썰매를 탄 이경전, 반나절 한가함을 얻다 · 여덟 가지 넉넉한 것과 부족한 것 · 진정한 즐거움은 한가한 삶에 있나니

입의 유혹에 넘어가지 말라-성호 이익의 절식 철학 49
고구려 절식 풍속 · 네 가지 조심할 일 · 천지간의 좀벌레 한 마리 · 입의 유혹에 넘어가지 말라

권세가와 선비의 갈림길-역사가 심판한 김안로, 역사가 평가한 유몽인 57
역사가 심판한 문인, 김안로 · 오명에 가려진 김안로의 글들 · 역사가 평가한 역적, 유몽인 · 뒤집힌 세상을 만나 어떻게 처신해야 하는가

2부 취미와 열정

나의 희한한 수집벽이 제대로 평가받기를―서화 소장가 김광수와 장서가 이하곤 71
벼슬대신 예술품―상고당 김광수 · 고서화 수집, 예술가의 안목을 키우다 · 만권 장서가 이하곤 · 자조 섞인 장서가의 자화상

그림을 아는 선비, 제발을 남기다―의원 김광국, 고증학자 성해응 87
그림을 아는 사람의 의미 · 운치 있는 사연들 · 인간미에서 배어나는 옛글의 멋

우아하고 점잖은 사치―벼루와 시전지 이야기 99
우아한 사치를 옹호하다 · 유득공이 벼루를 아낀 사연 · 벼루야! 벼루야! · 김용준의 동반자, 두꺼비 연적 · 시보다 아름다운 시전지 · 이덕무의 시전지, 탄호전

남몰래 예술가를 키운 명망가들―서평군 이요와 이정보 117
문예를 지원한 서평군 이요 · 후원자를 넘어선 전문가 · 전설로 남은 예술가의 인생 · 악공을 후원한 시조 작가 이정보 · 가객 계섬과의 인연

산을 유람하는 것은 독서하는 것과 같다―산수의 멋을 즐긴 선비들 133
산을 유람한다는 것 · 도도한 백두산에 취하다 · 묘향산 단풍에 반하다

신분의 벽을 뛰어넘은 문인들―시인 삼대와 천민 시인 홍세태 149
시인 삼대―이봉환, 이명오, 이만용 · 천민 시인 홍세태

3부 글과 영혼

편지로 운명을 위로하다-이규보의 〈나에게 부치는 편지〉와 선비들의 척독 165
선인을 대신하여 나에게 부치는 편지 · 척독, 수십 개 단어만으로 자신의 마음을 전하다 · 편지 조각에 담긴 호기와 인품 · 척독, 정취 있는 문학

제사를 올려 내 정신에게 사죄하다-문학의 신에게 바친 이옥의 제문 179
동짓날과 제야에 인생의 전기를 꿈꾸다 · 불우한 문인의 영혼을 제 스스로 달래다 · 축원의 글, 희망 속에 절망을 숨기다

그리운 이에게 바치는 오마주-박제가와 조희룡의 회인시 187
박제가의 회인시 둘 · 불행에 빠졌을 때 정든 사람을 그리워하다

어린이라면 누구나 좋은 시를 쓸 수 있다-박엽과 목만중의 '동몽시' 195
어린이에게는 죽은 것도 살아 움직인다 · 시대와 지역을 초월한 보편성, 동심 · 이덕무, 동심을 지키는 것이 시인의 본분

도덕적 기준으로 남의 글을 재단하다-조선시대의 필화 사건 203
스스로 엄격한 검열에 나서다 · 낙발 시비를 낳은 율곡의 과거 · 1577년 조보 인출 사건

역사는 천하의 공언이다-역사 바로잡기와 뒤집어 보기 215
종계변정과 인조반정 · 종계변정과 명사변무 · 야사를 다듬어 역사로-김려 · 조선 역사 뒤집어 보기-김택영

4부 공부와 서책

일백 세대 뒤에 태어날 이와 벗 삼으리 -박지원과 박규수의 옛글 읽기 231
크나큰 인연, 크나큰 만남 · 차라리 천 년 벗과 대화를 나누리 · 본받고 싶고, 친구
삼고 싶은 옛사람 · 박규수의 골패 독서법 · 옛글을 읽어 옛사람을 만나는 의미

선비라면 반드시 읽어야 할 책-조선시대의 베스트셀러 247
조선시대의 명저와 베스트셀러 · 잠든 조선을 깨운 일본 책 《화한삼재도회》·
외국에서 출간된 조선의 책 · 출판 공백을 메운 필사본

끊임없이 읽고 기록하라-공부하는 법, 글쓰는 법 265
중요한 글은 외어라 · 외우고 생각하라 그리고 늙도록 책을 읽어라 · 글쓰기를
위한 독서법 10가지 · 선비의 삶이 응축된 독서문화

지식에 앞서 학문하는 자세를 배우다-참스승 퇴계 이황과 다산 정약용 279
스승님의 일거수일투족을 배우다 · 지식에 앞서 학문하는 자세를 배우다 · 200년
전 스승에게서 잘 배운 제자 · 다산이 제시한 참된 공부법

**선인과 범인이 다른 길을 가는 갈림길-과거를 포기하고 금강산으로
떠난 신광하** 293
과거에 낙방하고 미쳐버린 선비 이야기 · 과거장의 살풍경

1 인생과 내면

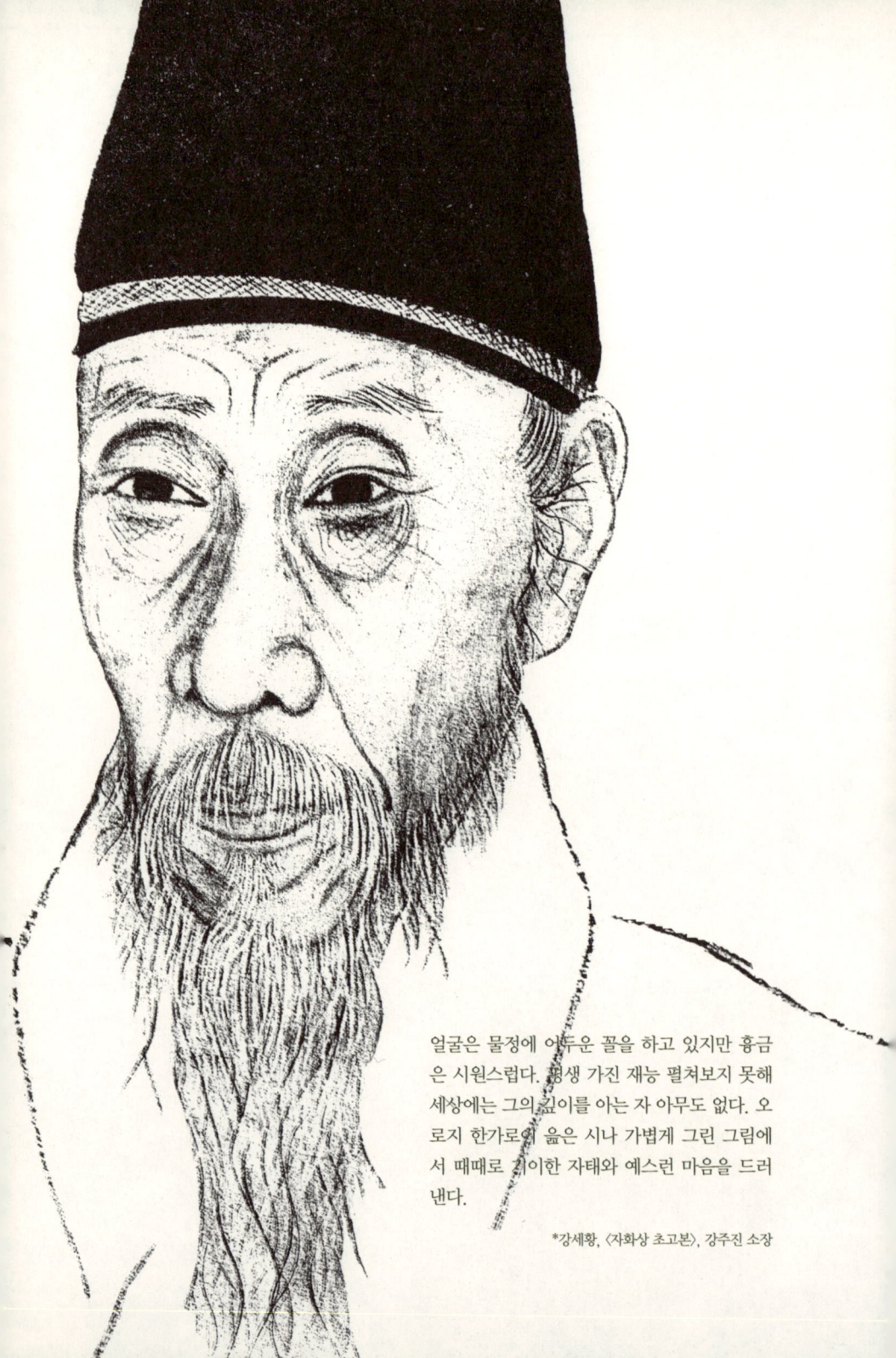

얼굴은 물정에 어두운 꼴을 하고 있지만 흉금은 시원스럽다. 평생 가진 재능 펼쳐보지 못해 세상에는 그의 깊이를 아는 자 아무도 없다. 오로지 한가로이 읊은 시나 가볍게 그린 그림에서 때때로 기이한 자태와 예스런 마음을 드러낸다.

*강세황, 〈자화상 초고본〉, 강주진 소장

무덤 가는 이 길도 나쁘지 않군
스스로 쓴 선비들의 묘지명

　연세 지긋한 문인들이 문예지에 미리 쓴 유서를 발표하는 일이 종종 있다. 그런 사실 자체가 흥밋거리로 사람들의 입줄에 오르내린다. 어딘가 특이해 보여 그 의미를 찾아보려는 심사가 아닌가 한다. 따지고 보면 미리 유서를 쓰는 일은 우리의 오랜 전통이었다. 아는 사람은 많지 않지만 이런 일은 자만시自輓詩와 자찬묘지명自撰墓誌銘을 창작하던 오랜 전통과 알게 모르게 연결되어 있다. 자만시란 자신의 죽음을 스스로 애도하는 시요, 자찬묘지명이란 자신의 무덤에 스스로 쓴 묘지명이다. 내 죽음을 내가 애도하고 내가 정리하는 것 자체가 벌써 특이한 일이요, 상식에 벗어난 일이다. 하지만 격식을 벗어난 일에는 또 사연이 없지 않다.
　내 기억에는 19세기 이양연李亮淵이란 시인이 지은 〈내가 죽어서自

挽〉가 퍽 인상적이었다.

한평생 시름 속에 살아오느라	一生愁中過
밝은 달은 봐도 봐도 부족했었지	明月看不足
이제부턴 만년토록 마주 볼테니	萬年長相對
무덤 가는 이 길도 나쁘진 않군	此行未爲惡

자신의 죽음을 스스로 애도하다

　내 이제 죽는다니! 몹시도 슬픈 일이지만 그래도 한 가지 좋은 점은 있다. 한평생 괴로운 인생에 부대끼며 사느라 하늘에 뜬 밝은 달을 마음 편히 즐기지 못했다. 허나 이제 내 죽게 되었으니 생전에는 누리지 못한 달빛 감상을 실컷 하겠구나! "무덤 가는 이 길도 나쁘진 않군"이란 말에 죽음을 앞에 둔 노인의 체념과 달관이 느껴진다. 그 이면에 괴로운 인생을 살아야만 했던 시인의 아픔이 깔려 있음은 굳이 말할 필요가 없다.

　시인 묵객들은 종종 이양연처럼 직접 시를 지어 스스로 죽음을 애도했다. 마음에도 없이 애도의 눈물을 억지로 짜내는 타인의 만시보다는 저승 가는 길을 스스로 위로하는 것, 애달프다 못해 참으로 아름답다. 때로 자만시는 시인의 절필絶筆로 이어지기도 했다.

　더러는 자신의 죽음을 예상하고 시보다 산문을 택해 묘지명을 써두기도 했다. 다산 정약용이 쓴 자찬묘지명이 유명하다. 《여유당전서與猶堂全書》를 보면, 좀 생소해 보이는 두 편의 글이 있다. 대개 조선시대의 문집에는 타인이 작자의 생애를 정리한 묘지명이 실리게 마련인데, 다산의 문집은 특이하게도 〈자찬묘지명自撰墓誌銘〉이라 해 본인이 직접 쓴 두 편의 묘지명을 싣고 있다. 이미 자기 스스로 묘지명을 써놓았으니 다른 사람이 쓸 필요가 없다. 다산은 스스로 묘지명을 남겨 남들이 자신을 두고 왈가불가하지 못하도록 쐐기를 박아놓았다. 그의 오기가 느껴진다.

보통 넋에 불과하다

묘지명은 죽은 뒤 남이 쓰는 것이 상식인데 일부 학자와 문사들 사이에는 이를 스스로 쓰는 일이 유행처럼 번졌다. 그 가운데 눌재訥齋라는 호를 가진 분의 자명自銘이 눈에 띈다.

재주도 없고	旣無才
덕도 없는	又無德
보통 사람에 불과하고	人而已
살아선 벼슬이 없고	生無爵
죽어서는 명예가 없는	死無名
보통 넋에 불과하다	魂而已

시름도 즐거움도 사라지고　　憂樂空
헐뜯음도 칭송도 그친 지금　　毀譽息
그저 흙덩이에 불과하구나　　土而已

　칭송의 말을 길게 늘어놓은 묘지명과는 사뭇 다르다. 세상에 머물 때는 재주도 덕도 없는 보통 사람일 뿐이었고, 살아선 벼슬, 죽어선 명예가 없으니 하등 특별할 것 없는 넋에 불과하다고 자신을 평가했다. 자조적인 면에 생사를 초월한 모습까지 보여준다.

강세황의 자명─예술에 대해서만은 집념을 버리지 않았으니

　이와 같은 자찬묘지명 가운데 특별히 주목할 것은 예술가와 문인들의 글이다. 강세황姜世晃의 자명自銘을 보면 그러한 면모가 뚜렷하다. 좋은 가문 출신임에도 불구하고 구차하게 벼슬을 구하지 않았으며 그림과 글씨, 시에 몰입한 예술가로 소일했던 자신의 생애를 다음과 같이 묘사했다.

　늙은이는 대대로 고관을 지낸 집안의 후예로 운명이 시대와 어긋나 쓸쓸하게 지내다 노년에 이르렀다. 시골에 물러나 야로野老들과 자리를 다투느라 늙어서는 서울 발걸음을 일체 끊고 사람들을 만나지 않았다. 때때로 죽장망혜竹杖芒鞋로 들판을 소요했다. 겉모습은 모자라고 수수해 보이지만 내면에는 제법 신령한 지혜가 담겨 있어 빼어난 지식이 있고, 교묘한 사유를 한다. 음악의 심오한 비밀과 기완器玩의 기교도 한 번 눈에 접하면 꿰뚫어보고 다 이해했다.

여러 대에 걸쳐 고관을 지낸 집안에 태어났으나 벼슬과 인연이 없어 낙척불우落拓不遇했던 삶을 서술한 다음, 시골에 물러나 평범한 늙은이로 살아가되 예술에 대해서만은 집념을 버리지 않은 인간이라고 강세황은 자기 인생을 평했다. 그는 이 글에서 드러낸 자의식을 자화상 제작으로까지 이어갔다. 조선시대에 자화상을 그린 예는 극히 드문데, 그는 그저 겉모습을 사실적으로 묘사하는 데 그치지 않고 자신의 독특한 신정神情을 자화상을 통해 표현하려 애썼다.

그가 남긴 자화상에는 자신의 삶을 반추하고 개성을 표현하고픈 의도가 역력하다. 자화상의 자찬自讚에서 "얼굴은 물정에 어두운 꼴을 하고 있지만 흉금은 시원스럽다. 평생 가진 재능 펼쳐보지 못해 세상에는 그의 깊이를 아는 자 아무도 없다. 오로지 한가로이 읊은 시나 가볍게 그린 그림에서 때때로 기이한 자태와 예스런 마음을 드러낸다"라고 해 물정에 어둡고 재능을 펼칠 기회를 상실한 사람이지만 깊은 상념이 담겨 있는 내면의 깊이는 남보다 뛰어나다고 자랑했다. 그 깊이를 하나는 글로, 하나는 그림으로 표현했다. 그의 자화상은 자찬 묘지명과 함께 《정춘루첩靜春樓帖》에 합철合綴되어 있는데 조선시대 사대부의 근엄하고 격식 차린 그림과 비교할 때 자유로운 예술인의 인상을 잘 드러내보인다.

　이렇게 문인 예술가들은 평범하지 않았던 그들의 삶을 자찬묘지명이라는 형식을 통해서 마음껏 표현했다. 유척기俞拓基, 남유용南有容, 서유구徐有榘, 박세당朴世堂, 김택영金澤榮을 비롯한 많은 문인들이 그런 종류의 글을 남겼다. 특히 눈길을 끄는 것은 남종현南鍾鉉(1783~1840)의 자찬묘지명이다. 관도 사용하지 말고, 옷가지도 넣지 말며, 묫자리를 가리지도 말고, 봉분을 꾸미지도 말며, 묘지명을 넣지도 말라고 유언했던 그는, 아무런 부장품을 넣지 말고 오로지 종이 조각에 자기가 직접 쓴 묘지명만을 무덤에 넣어달라고 부탁했다. 직접 읽어보면 이렇다.

　종현은 정조 임금님 계묘년 2월 22일에 태어났다. 어릴 적부터 몹시 아둔한데다가 병이 많았다. 장성해서도 인사를 알지 못하기는 마찬가지였다. 스무 살 때 아버지를 여읜 후로는 더욱이나 가르침을 받지 못했다. 독서하고 글 지을 줄은 알았으나 또 역시 문장의 도를 알지 못했다. 이럭저럭 10년을 보내며 오래 파고들다 보니 마음의 경계가 갑자기 넓어져서 툭 트인 느낌을 받았고, 비로소 세상 물정을 조금 통하게 되었다. 성품이 학문하는 방법을 대충 알았으나 그것마저도 줄기만을 잡았을 뿐 세세하게 파고들지는 못했다. 나이 15, 16세부터 과거 문장을 공부하여 시험장 문을 두드렸으나 합격하지는 못했다. 고문古文을 공부하기를 30년 동안 했으나 문장의 세계 또한 완성하지 못했다.

그가 늘 하는 말은 이랬다. "매사에 최선을 다하기는 요순 임금조차도 어렵고, 양지良知와 양능良能(타고난 인식 능력과 재능)은 안회顏回(안회는 공자의 제자로 최상의 현인을 의미함)나 도척盜跖(도척은 고대의 악독한 도적으로 최고의 악인을 의미함)이 똑같다. 좋은 시기를 만나야 제 뜻을 펴는 우연을 성현이라도 면할 수 없고, 생각을 잘하고 못하기는 바보나 현자가 마찬가지다. 그러므로 하나에 얽매이면 끝내는 옳은 것을 옳다 하고 그른 것을 그르다고 하는 장자莊子의 꾸짖음을 당하게 될 것이며, 지극한 경지를 찾아보면 주공周公을 비난하고 탕 임금 무왕도 무시한 혜강嵇康의 주장이 제기되지 않을 수 없다."

또 이러한 말도 했다. "악인과는 같은 나라에 더불어 살려고 하지 않고, 의리를 지키는 자는 죽음을 맹세코 배반하지 않는다."

먼 옛일이 아니면 입을 열지 않았고, 먼 옛말이 아니면 글을 쓰지 않았다. 권세를 가진 자에게는 아첨할 줄 모르고, 곤궁하게 지내도 자신을 변치 않았다. 천지 사이에 나 같은 자 하나 없을 수 없겠는가? 말을 꺼내면 반드시 기휘忌諱에 저촉되고, 행동을 하면 반드시 풍속과 어긋났다. 제 성질대로 살기 때문에 집안 사람조차 가까이하지 않고, 제멋대로 행동하기 때문에 벗들도 그를 버렸다. 문장을 일삼지 않으니 돼먹지 못한 글쟁이라고 손가락질당하는 것을 사양하지 않고, 천한 주제에 귀한 자를 섬기지 않으니 버릇없는 사람이라 비난당하는 벌을 피할 길이 없다. 그러니 천지 사이에 나 같은 자가 있어서 되겠는가?

아! 나 같은 자가 있는 것은 50년에 불과한 반면, 나 같은 자가 없는 것은 장차 몇 천만 년에 이를 것이다. 도리를 지킨 옛사람들은 잠깐의 시간에도 무궁한 세월 동안 누릴 명성을 수립했건만 지금 나는 50년 동안의 세월을 소유하고도 50년이 지난 뒤 몇 시간 몇 달 동안의 명성을 누릴 행위도 하지 못한 채 끝내 사라져 죽는구나! 슬프도다!

아내는 허씨로 양천陽川이 본관이며, 지평을 지낄 간曒의 따님이다. 아들을 두지 못했다.

명銘을 짓는다.

말은 남들이 하지 않는 것만을 했고,

행동은 남들이 하지 않는 것만을 했으며,

장례는 남들이 하지 않는 것만을 했다.

남들이 그의 어짐을 말하지 않으니

내 알겠다, 그의 어리석음을.

내 알겠다, 그의 어리석음을

상식적인 묘지명을 읽은 사람이라면 바로 알아차릴 수 있다. 단순히 '내가 좀 모자라는 바보 같은 사람이다' 라는 겸양의 글이 아니다. 한마디로 나 같은 자가 천지 사이에 다시 있어서는 안 된다는 자학과 독설이 번득이는 글이다. 남들이 하지 않는 짓을 골라서 했고, 마음껏 성깔을 부려서 집안 사람이나 친구들까지도 자신을 미워했다고 적었다.

물론 자신의 인생을 두고 이렇게 막말을 하는 이유가 단순히 자신에게만 있지는 않다. 선비들이 존경해 마지 않는 성현인 안연과 천하의 흉악한 도적인 도척이 다르지 않다고 주장하고, 요순 임금 같은 성인도 매사에 잘 할 수는 없다고 했다. 선비로서 용납되지 않는 그러한 주장을 그는 서슴없이 발언했다. 이런 글은 자신이 아닌 남이 쓰는 것은 불가능하다. 오로지 스스로 쓴 묘지명에서나 가능하다.

자찬묘지명! 그것은 죽음에 직면해 남의 시선을 빌려 자신의 인생을 돌아보는 글이다. 죽음의 공포에 떨기보다는 때로는 냉정하게, 때로는 해학적으로 자기 죽음을 그려보는 일이다. 죽음에 앞서 자신의 죽음을 타자의 죽음처럼 차분하게 응시하는 것은 의미 있는 일이라는 생각이 든다. 죽기 싫어 몸부림치는 사람이나 죽기 두려워 신에게 애걸복걸하는 사람에 비해, 자찬묘지명을 쓰고 차분히 '죽을 준비'를 하는 사람이 훨씬 멋져 보이고 현대적이다. 요즘 말로 쿨하다.

영국의 유명한 극작가 조지 버나드 쇼는 생전에 자신의 묘비명을 "우물쭈물하다가 내 이럴 줄 알았지 I knew if I stayed around long enough, something like this would happen"라고 써놓았다고 한다. 짧은 한 문장에 독설과 자학이 유머러스하게 녹아 있다. 우리도 자신의 묘지명을 한번 써봐야 하지 않을까?

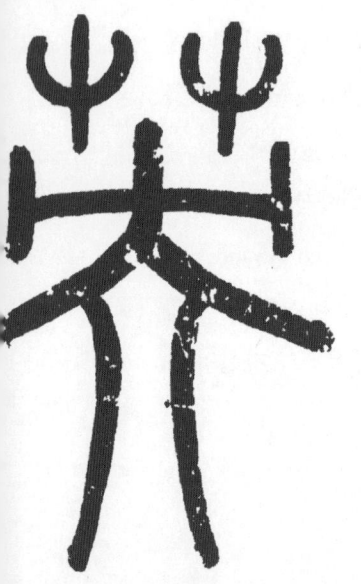

나는 글을 배운 이후 지난해에 이르기까지 3,700날 남짓을 살아왔다. 3,700날 동안 있었던 일을 아무 것도 기록하지 않았다. 그래서 지나간 일을 되돌아보면 꿈을 꾸고 깨어나서는 아무 것도 기억하지 못하고, 번개가 번쩍번쩍하여 돌아보면 빛이 사라진 것과 같다. 날마다 기록하지 않아서 생긴 잘못이다.

*유만주, 《흠영》 표지

일기는 이 한 몸의 역사다
13년 동안 써내려간 일기 《흠영》

나는 초등학교와 중학교에 다니는 아들이 있다. 초등학생 아들이 제일 힘들어하는 숙제가 바로 일기다. 무엇을 쓸지 고민하는 시간이 한참, 내용을 채우는 시간이 한참이라 짧게는 한 시간에서 몇 시간까지 승강이를 벌인다.

그런 모습을 바라보노라면 초등학교 시절 일기를 쓰던 내 모습이 절로 생각난다. 일기 쓰기는 너무나 하기 싫은 숙제였다. 더구나 방학 숙제로 제출해야만 하는 일기는 정말 짜증스러웠다. 등교를 앞두고 며칠 동안 몰아서 쓰느라 날씨를 되짚어보던 고역에 시달리곤 했다.

학교를 벗어난 이후 몇 번 일기장을 장만해 자발적으로 일상생활을 기록해 본 일이 있지만, 얼마 못 가 흐지부지되곤 했다. 내 인생의 일상이 그리 특별한 게 많지 않기도 하고 또 귀찮아서 지속하기 어려웠다.

언젠가 시조시인이자, 국문학자인 이병기 선생이 장년 이후 쓴 일기인 《가람일기》를 보았다. 심심하다 싶은 일상사를 며칠에 한 번씩 쓴 일기로 선생의 사후에 간행되었다. 언제 누구를 어디서 만났고, 무슨 책을 샀으며, 무엇을 읽었는지를 가볍고 짧게 썼다. 퍽이나 인상 깊어 나도 한번 써볼까 하는 주제넘은 욕심을 내본 적이 있다. 하지만 착수조차 하지 않았다. 일기를 꾸준하게 쓰는 일이 경험상 결코 쉬운 일이 아님을 잘 알고 있어서다.

13년간 하루도 거르지 않은 일기

그렇다보니 일기를 꼬박꼬박 쓰는 사람이 있으면 신기하게 생각된다. 옛 문인 가운데 유만주俞晚柱(1755~1788)라는 문필가가 그런 신기한 인물로 손꼽힌다. 유만주는 세상에 널리 알려진 문인은 아니다. 24책이나 되는 방대한 일기 《흠영欽英》을 남기고 34세에 요절한 불운한 문인인데 그 일기가 근래에 발굴되어 학계의 관심을 끌고 있다. 오로지 《흠영》이란 일기 때문이다.

일기는 유만주가 스물한 살 되던 1775년 정월 초하루부터 시작한다. 새해의 출발과 더불어 그는 계획적으로 일기를 쓰겠다고 다짐한다. 그 이후 죽음이 그를 데려간 13년간 거의 하루도 거르지 않았다. 자기 자신과의 약속을 저버리지 않았다. 일기를 쓰기 시작한 날 일기장의 첫머리에 이런 서문을 얹었다.

일어난 일을 날마다 기록하는 것은 고금이 다르지 않다. 사람이 세상에 태어나면 일이 없지 않아 내 한 몸에 모여든 일이 언제고 그치지 않는다. 따라서 날이 다르고 달이 다르다. 무릇 사람의 일이란 가까우면 자세하게 기억하고 조금 멀어지면 헷갈리며, 아주 멀어지면 잊어버린다. 하지만 일기를 쓴다면 가까운 일은 더욱 자세하게 기억하고, 조금 먼 일은 헷갈리지 않으며, 아주 먼 일도 잊지 않는다. 법도에 어긋나지 않는 일은 일기로 인해 행하기에 좋고, 법도에 어긋나는 일은 일기로 인해 조심할 수 있다. 그렇다면 일기란 것은 이 한 몸의 역사다. 어찌 소홀히 할 수 있으랴. 나는 글을 배운 이후 지난해에 이르기까지 3,700날 남짓을 살아왔다. 3,700날 동안 있었던 일을 아무 것도 기록하지 않았다. 그래서 지나간 일을 되돌아보면 꿈을 꾸고 깨어나서는 아무 것도 기억하지 못하고, 번개가 번쩍번쩍하여 돌아보면 빛이 사라진 것과 같다. 날마다 기록하지 않아서 생긴 잘못이다.

스물한 살 난 해 초하루, 글을 배운 이후 3,700날 동안 자신에게 일어난 일을 아무것도 기록해 놓지 않았기 때문에 기억나는 것이 별반 없음을 반성하고 이제부터 일기를 쓰겠다고 다짐했다. "일기는 이 한 몸의 역사"라고 일기를 써야 하는 이유를 밝혔다. 하루하루 지날수록 가물가물해지는, 내게 일어난 일의 기억을 붙들어매는 작업을 그는 시작했고, 보통 사람과는 달리 완벽하게 실천에 옮겼다. 그는 지나간 세월도 햇수나 달수가 아닌, 날짜로 헤아렸다. 시간을 대하는 태도가 다르다.

> 欽哉乙未叙
>
> 日之有記古今之所同也凡人生世莫不有事、集于身而不常止也故日異而月殊夫日之有事也近則詳稍久則迷已遠則忘苟詳而稍久者亦因此猶之其失者之不短于度者可因此稽焉則日記者日之史也何可怠哉余自學弇以後至前年經三千七百日有餘而三千七百日事卷不曾記錄之近思陳迷如夢了、寢而昧也如電閃、頃而滅也是不記日之過也夫壽在上天僧緒之固不能也事之有曙而暑之惟吾所為焉耳故記余之行事、繫于日、繫于月、繫于年妻以極夫天衡進退而記之其餘也謹天時志人事述見聞平萬史錄家而推之朝政三公拜免而記之水旱風雷而記之其餘不盡錄者記主于家也跡不用借異乎斯而去時意日下註之別為一大冊以記之使之近者詳而久者不迷遠者不忘備其事蹟至于親切莫如今日而人多傳會穿鑿以求備其事蹟至于親切莫如今日而顧懸遠未有上抗三皇五帝也而人多傳會穿鑿以求或忽焉不記其事月日者有之甚可惑也余扵是乎叙其大致以冠于記時則
>
> 上五十有一年也

18세기 문필가 유만주가 13년간 쓴 일기《흠영》가운데 1775년 일기의 서문
유만주는 한 해의 일기를 시작할 때나 한 해의 일기가 다 채워지면, 일기를
쓰는 방향을 정하고 있었던 일을 정리하는 글을 서문의 형식으로 남겼다.
이 서문도 그런 취지가 담겨 있다.

사대부의 눈으로 바라본 18세기 역사

《흠영》은 그 방대한 분량도 놀랍지만 하루하루 꼼꼼하게 기록한 근면함과 갖가지 풍부한 내용이 경탄을 자아낸다. 일기는 날짜별로 신변에서 일어난 일을 기록하는 것이기에 평범한 신변잡기가 되기 쉽다. 하지만 유만주의 일기는 사대부의 눈으로 바라본 18세기 후반 정조正祖 시대의 살아 있는 역사라 불러도 좋을 만큼 내용이 풍부하다. 지금도 비망록備忘錄에 속하는 종정일기從政日記(관료로 봉직한 기간 중에 견문하고 체험한 내용을 중심으로 쓴 사대부의 일기)를 흔하게 접할 수 있는데, 《흠영》은 그런 종류의 무미건조한 일기와는 현격하게 다르다. 일기를 세상과 인생을 관찰하려는 일정한 계획에 따라 체계를 갖추어 썼기 때문이다. 6년째인 1780년, 일기를 써나가는 방향을 서문에서 다음과 같이 밝히고 있다.

이 일기는 하루를 강령綱領으로 하여 네 가지 법을 세목細目으로 한다. 그 세목은 사건, 대화, 문장, 생각이다. 이 네 가지로 고금의 일을 포괄하고 고아한 일에서부터 비속한 일까지 두루 갖추어 싣는다. 크게는 성인과 영웅의 사업에서부터 작게는 서민과 미물의 생성까지, 귀로 듣고 눈으로 보고 마음으로 느낀 것을 그대로 기록해 둔다. 번잡해도 꺼리지 않고 기록해, 제사에 어떤 물고기와 어떤 과자를 올렸는지, 병을 고치는 데 무슨 약을 처방했는지, 책은 무엇을 편찬했는지, 도무지 얼마 만에 옷을 갈아입었는지, 쌀값은 얼마나 오르고 내렸는지 등을 모두 적어놓는다.

쓰기를 작정한 일기의 방향에서 드러나듯이 단조로운 신변잡기에서부터 날마다 목도하고 경험한 세상사, 사람들과의 대화, 눈여겨 살핀 서책과 문서, 생각하고 고민한 모든 것을 일기에 기록했다. 다시 말하면, 이 일기는 한 개인의 입장에서 자신과 사회의 전모를 담아내려 한 야심찬 저작이다.

보통 사람과 달리 그는 공언에 그치지 않았다. 날씨는 말할 것도 없고, 어디서 자고, 입던 옷을 언제 갈아입고, 누구를 만나 무슨 이야기를 나누고, 조정에선 어떤 논쟁이 벌어지고, 통행금지와 금주령이 언제부터 언제까지 내려지고, 서울 장안에 어떤 사건이 벌어졌는지, 시시콜콜한 이야기까지 빠뜨리지 않고 기록했다.

심지어는 어떤 책장수가 와서 무슨 책을 얼마에 흥정했고, 그 책이 누구 집에서 나온 것인지도 기록했다. 서울의 물가는 어떻게 변하고 있으며, 집값은 얼마인지도 빠짐없이 기록했다. 이 일기에 따르면 당시 서울 장안에서 가장 큰 저택을 소유한 사람은 입동笠洞의 이은李溵으로 그의 저택은 380여 칸 규모에 집값이 2만 냥 정도 나간다 했다. 수백 냥이면 좋은 집을 살 수 있던 때이니 대단히 비싼 집이었다. 이 집값에 관한 기록만으로도 이 일기가 얼마나 중요한 생활사 자료인지 분명히 드러난다.

집주름을 데리고서 공동公洞에 있는 2천 1백의 집을 보았는데 무릇 여섯 가지 단점이 있었다. 거기서 들은 이야기로는, 한양 사대부의 저택 가운데 제일 값이 많이 나가는 것이 입동 이은의 집인데, 그 규모가 무릇 380여 칸이고, 집값을 상평통보로 환산하면 2만여 냥쯤 된다고 했다. 또 어떤 사람은 이은의 부유함이 전국 사대부의 첫손가락이 될 것이라고 했다. 노비가 온 나라에 퍼져 있고 금과 옥이 쌓여 있어서 갖가지 일상에 드는 물품과 길흉사와 잔치, 제사 등에 쓰이는 물품이 모두 외지에 있는 곳간에서 가져다 쓰기 때문에 굳이 금전으로 사들일 필요가 없다는 것이다. 들으니 이은이 대대로 폐주廢主 연산군의 제사를 받들기 때문에 전답과 노비가 한량이 없고 재물도 그에 맞먹는다고 한다. 그 근기根基가 견고하고 웅대하기가 홍상한洪象漢이나 김노진金魯鎭을 비롯한 여러 사람에 비할 바가 아니다.

유만주는 집주름 곧, 부동산업자를 데리고 사대문 안의 집을 보러 다닌 사실을 자주 썼다. 앞의 내용은 그중 하나로 연산군의 제사를 받드는 이은의 대저택과 재력을 당시 시정 사람들의 시각과 목소리로 전해준다. 이처럼 당시 서울의 일상사와 풍습을 현재의 우리 눈앞에 구체적으로 보여준다. 흥미로운 사실들이 일기에는 아주 많다. 한두 가지 더 들어본다.

호서湖西의 몹시 큰 대추에서 씨를 바른 다음 설탕을 채우고 금을 바른다. 요사이 음식 사치가 이런 지경에까지 이르렀다.

변장을 하는 방법은 병법兵法이다. 녹림綠林의 호걸들이 늘 써왔던 방법인데 근래 호남의 도적떼들이 금오랑金吾郎으로 변장하여 부잣집의 재물을 털고 있다.

한 가지는 음식 사치, 한 가지는 변장한 도적떼의 출현을 다룬 일기의 일부다. 이런 기록 하나하나가 당시 실상을 전하는 소중한 자료가 된다.

독서 경험과 사유의 기록

하지만 《흠영》에서 큰 비중을 차지하는 내용은 무엇보다 독서 경험과 사유思惟의 기록이다. 그는 놀라우리만큼 다양한 책을 수없이 되풀이해 읽고 그에 관한 소감을 기록했다. 언제 어떠한 책이 출간되었고, 누구에게 언제 어떤 책을 구입했는지, 날마다 무슨 책을 어디서 어디까지 읽었고, 중요한 글은 몇 십 몇 백 번을 읽었는지 밝혔다. 읽은 책을 초록抄錄하거나 감상과 비판을 쓰기도 했다. 특히 주목할 점은 그가 소설에 깊은 관심을 갖고 즐겨 읽었다는 것이다.

비록 조잡한 소설이라도 볼 만한 문장이 한두 단락 있다. 황폐한 농막의 정경을 묘사하는 대목에서 '다만 보이는 거라곤 어지럽게 자란 풀이 섬돌에 가득하고, 창은 거미줄로 뒤덮여 있다. 바람벽에는 이끼가 수를 놓았고, 연못 안에는 개구리밥이 차 있는데 금붕어는 보이지 않는다. 오솔길 옆의 울타리는 부서졌는데 푸른빛 대나무가 무성하다. 구슬픈 생각에 탄식을 하며 한참을 바장거렸다' 라고 했다. 이 대목을 읽고 나니 마음이 처연해진다. 이것이 글 쓰는 묘미다.

《등월연燈月緣》이라는 중국 소설을 읽고 남긴 평이다. 소설을 폄훼하는 지식인이 대부분이었던 당시에 그는 누구보다도 소설의 가치를 인정했다. 그리고 소설 문장을 감상하고 자주 소감을 피력하거나 가치를 평했다. 그는 한글소설의 가치도 인정했다. 한글소설을 내문소설內文小說이라 부르며 다음과 같이 평했다.

중국이나 주변 국가를 가릴 것 없이 모두 제 나라 문자를 가지고 있다. 지금 언문諺文은 동국의 문자다. 언문으로 소설을 지은 것이 나라 안에 흩어져 있는데 합하여 계산하면, 무려 수만 권이 될 것이고, 그 제목만도 거의 수십 종에서 백여 종에 이른다. 비록 순수하고 잡박함이 뒤섞여 있고 기탁한 내용이 일정하지 않지만, 요컨대 동국의 소설이다. 이 뒤에 《예문지藝文志》를 편찬하는 사람은 언문이 누추하다는 이유로 누락시키거나 빼버리면 안 된다.

한글소설의 가치를 긍정적으로 평가하고 한문으로 쓰인 권위 있는 다른 책들과 마찬가지로 인정할 것을 요구하고 있다.

경서와 사서史書에서 동시대 중국과 한국의 온갖 서적까지, 그가 읽은 책의 범위는 대단히 넓다. 또 당시 문단의 새로운 사조를 꼼꼼히 기록해 고스란히 우리에게 전한다. 뿐만 아니라 그날그날 쓴 자신의 시와 산문을 수록해 일기로 작품집을 대신했다. 작품이 완성된 날짜가 이렇게 분명하게 밝혀진 경우도 드물다.

한 개인의 역사를 철저히 기록하려는 정신으로

《흠영》은 한 개인의 역사를 철저하게 기록하려는 정신을 제대로 구현해 냈다. 물론 유만주만 기록정신이 특별히 강한 것은 아니다. 대체로 우리 선인들은 사소한 일까지 문자로 남겨 전하려는 정신이 강했다. 그 대표적 예가 유희춘柳希春(1513~1577)이 쓴 《미암일기眉巖日記》, 이문건李文楗이 쓴 《묵재일기默齋日記》, 황윤석黃胤錫의 《이재난고頤齋亂藁》다. 이런 일기에는 우리의 기대를 초월하는 옛사람의 생생하고도 흥미로운 삶의 모습이 일일이 예를 들 수 없을 정도로 풍부하게 담겨 있다.

개인의 생활을 시시콜콜 기록한 일기는 역사 속의 생활상을 재구성할 때 꼭 필요한 중요한 문헌이다. 그러면서도 현대를 사는 사람에게 타임머신을 타고 옛날로 돌아가 옛사람이 사는 모습을 생생하게 엿보는 재미를 누리게 한다. 더욱이 일기는 글쓴이의 생각과 생활, 인간적 면모를 이해하는 지름길이다. 옛 일기에 보이는 철저한 기록 정신은 구한말까지 이어진다. 하지만 현대를 사는 우리는 그런 옛 일기에 보이는 전통이 과연 존재했는지조차 모르고 있다. 현대 우리 사회는 개인의 소소한 생활은 물론 국가의 중요한 문서도 제대로 보존하지 못하는 열악한 상황에 처해 있다. 심지어는 퇴임하는 대통령이 통치와 관련된 주요 문서를 불태워 없애고 물러난 일도 있다고 한다. 조선시대 같으면 상상할 수 없는 일이다. 그런 점에서 매일 일기를 썼던 선비들의 정신은 우리에게 새삼 큰 의미로 다가온다.

그대는 살림살이가 나보다 백 배나 넉넉한데 어째서 그칠 줄 모르고 쓸데없는 물건을 모으는가? 없어서는 안 될 물건이 있기야 하지. 책 한 시렁, 거문고 한 벌, 벗 한 사람, 신 한 켤레, 잠을 청할 베개 하나, 바람 통하는 창문 하나, 햇볕 쪼일 툇마루 하나, 차 달일 화로 한 개, 늙은 몸 부축할 지팡이 한 개, 봄 경치 즐길 나귀 한 마리가 그것이라네. 이 열 가지 물건이 많기는 하지만 하나라도 없어서는 안 되네. 늙은 날을 보내는데 이외에 필요한 게 뭐가 있겠나.

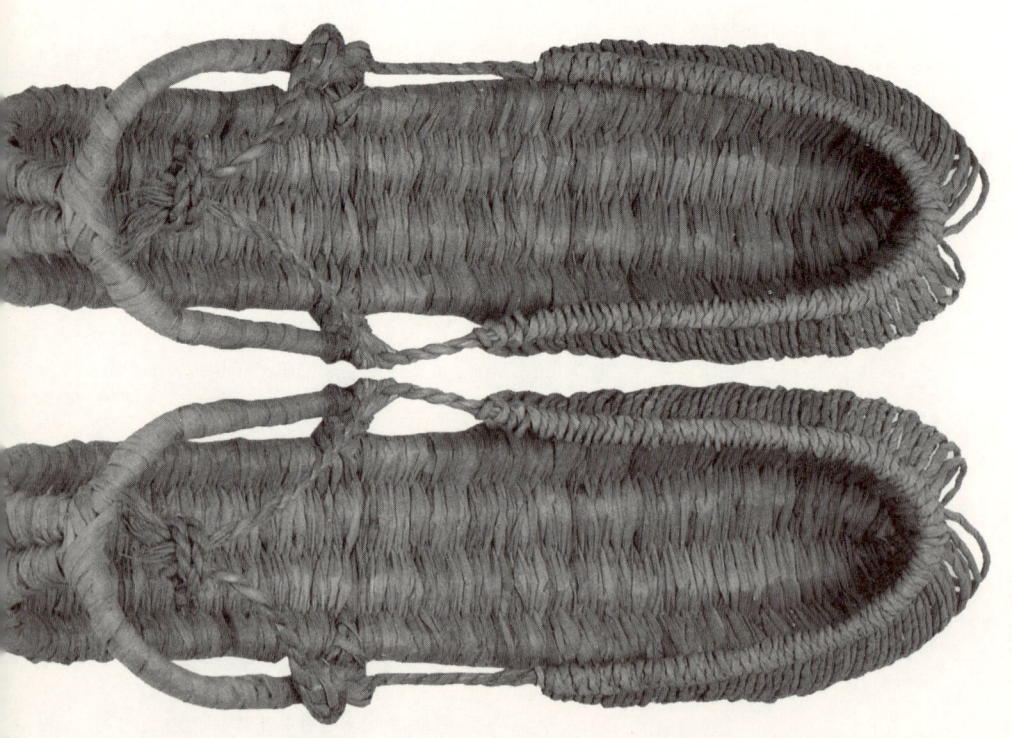

진정한 즐거움은 한가한 삶에 있다
이경전과 김정국 식 여유

　근래 주기적으로 고속철도를 이용하여 서울과 대구를 자주 오갔다. 전에는 3시간 걸리던 것이 이젠 시간 반이면 충분하다. 여기에 하루가 다르게 변화하는 통신의 가속도를 더하니 나는 삶의 속도를 맞추느라 늘 낑낑댄다.
　우리가 살고 있는 현재를 한 마디로 규정하려고 사람들은 세계화, 기술 문명, 사이버스페이스 등의 키워드를 내세운다. 하지만 나는 단연코 '속도'를 손꼽고 싶다. 물론 속도는 그리 새로운 현상도 개념도 아니다. 19세기 말부터 교통·통신 기술이 급속도로 발전해 인간은 과거와는 비교가 안 되게 공간 확대와 쾌속 주행을 체험했다.
　지금 우리는 더 빨리, 더 많이, 더 크게 따위의 구호에 휘둘리며 정신없이 앞으로 떠밀려간다. 우리 삶의 페이스는 피할래야 피할 수 없는 속도의 진보로 이끌려가고 있다. 더욱이 한국인은 다른 나라 사람에 비해 갑절이나 '빨리빨리' 풍조에 젖어 있다.

　속도를 내는 일에 몰두하느라 많은 것이 소외되고 잊혀졌다. 느림과 여유를 되찾자는 목소리가 곳곳에서 힘을 얻는 것도 무리가 아니다. 그러한 요구가 퇴영적이라 느껴지기도 하지만, 지난날의 느린 생활에 대한 부러움이 솟구칠 때가 적지 않다. 옛선비는 날씨가 궂으면 궂은 대로, 재물과 권세가 없으면 없는 대로, 넉넉한 시선으로 살아가려 노력했다. 그런 옛사람의 여유로운 삶이 때때로 부럽다.

순수한 영혼들이 빚어내는 사연

　명말明末의 문사 장대張岱는 야밤에 폭설이 내리자 기분을 못 이겨 서호西湖로 눈구경을 갔다. 그때 일을 그는 〈호심정에서 눈을 구경하고湖心亭看雪〉라는 명문으로 되살려놓았다.

숭정崇禎 5년(1632) 12월 나는 서호西湖에 머물렀다. 큰 눈이 사흘이나 퍼부어 호수에는 사람이고 새고 모두 자취가 끊어졌다.
이날 어둠이 짙어갈 때 나는 작은 거룻배를 집어탔다. 털옷에 화로를 끼고서 홀로 호심정湖心亭을 찾아가 눈을 구경했다.
성에가 하얗게 서려 하늘도, 구름도, 산도, 물도 몽땅 흰색뿐. 호수에 형체라곤 오직 생채기 같은 긴 방죽 하나, 점 같은 호심정 하나 그리고 겨자씨 같은 내 배, 그 배 안에 좁쌀 같은 두세 사람이 있을 뿐이었다.
정자에 오르니 웬 사람 둘이 담요를 깔고 마주 앉았고, 아이 하나가 술을 데우는지 화로가 한창 끓고 있었다. 나를 보고 몹시 기뻐하며 "호수에서 어떻게 이런 분을 만나리요?" 하더니 불러 술을 권했다. 나는 못 마시는 술을 억지로 큰 잔으로 셋이나 마시고 일어났다. 성씨를 물었더니 금릉金陵서 온 나그네란다.
배에서 내리는데 뱃사공이 중얼대는 소리가 들려왔다.
"저 양반이 바본 줄 알았더니 더 심한 바보가 있군."

눈 내리는 밤, 배를 타고 호수 한가운데 정자로 나갔다. 정자에는 벌써 어느 일행이 앉아 술잔을 데우고 있다. 온 세상이 깊은 잠에 빠진 한밤, 오로지 눈 구경을 위해 그것도 서호 한복판에 있는 정자에 올랐다. 그런데 거기에 자신과 똑같은 '바보'가 벌써 자리를 잡고 앉아 있다!
시간도 공간도 멈추어버릴 것만 같은 눈세계에서 '겨자씨 같은 내 배, 배 안에 좁쌀 같은 두세 사람'의 존재감은 오로지 저런 '바보'들만의 것이다. 수백 년 전에도 이러한 경계境界는 극소수 고독한 사람들만의 것이었다. 폭설이 내린 밤의 장엄한 풍광을 묘사한 글로 이보다 멋진 것을 아직 접해 보지 못했다.

눈썰매를 탄 이경전, 반나절 한가함을 얻다

순백의 풍경에서 순수한 영혼들이 빚어내는 사연은 고금과 동서의 차이가 없다. 장대와 동시대 인물인 조선 선비 이경전李慶全(1567~1644)도 눈 내린 날의 또 다른 체험을 전해준다. 이경전은 임진왜란 때의 명재상 이산해李山海의 아들이다. 그는 큰 눈이 내린 어느 겨울날의 체험을 〈대설에 천방사를 찾아가다大雪訪千方寺記〉로 남겼다. 그런가 하면 한강에서 썰매를 탄 소감을 정리해 〈노량강에서 썰매를 타다露湖乘雪馬記〉를 남기기도 했다.

〈대설에 천방사를 찾아가다〉는 1631년 충남 예산군 대술면 천방산에 오른 일을 기록하고 있다. 그해 동짓달 며칠 동안 거푸 눈이 내리자 갑자기 눈구경이 하고 싶어진 이경전은 말을 타고 문을 나섰다. 그러자 어린 손자가 따라가겠다며 한바탕 수선을 피웠다. 길을 나서자 다시 폭설이 쏟아졌다. 큰아들 집에 들렀더니 한자리에 모여 있던 아들들이 반갑게 맞이했다. 일곱 살배기 손자는 옷깃을 끌어당기며 산에 오르자고 보챘다.

의기투합한 할아버지, 아들, 손자 삼대가 대설을 무릅쓰고 산을 찾았다. 무릎까지 파묻히는 눈 속에서 서로를 끌고 당기며 생선 두름처럼 줄을 지어 산등성이에 올라, 겨우 산사에 이르렀다. 뜻밖에도 거기서 고승을 만나 대화를 나누고 차를 마신 다음, 만류하는 스님을 뒤로 한 채 다시 산길을 내려왔다. 장대가 호심정에서 나그네를 만난 것처럼 이경전이 눈덮인 산사에서 고승을 만나 대화하고 차를 마신 시간은 짧았다. 길어지면 오히려 흥을 깬다.
 산행이 시작되어 천방산 발치에 이르렀을 때 불쑥 일어난 소감이 이렇게 묘사되고 있다.

> 한 바위산 기슭을 지나 천방동千方洞이라는 데로 들어섰다. 어지러운 길이 산 아래 끊어진 언덕 위로 나 있었다. 숲은 온통 눈에 묻혔고 풀잎 끝의 이슬은 바늘처럼 뾰족했다. 아득한 설원이다. 웃으면서 길을 안내하는 아이에게 말했다.
> "여기 몇 칸 집을 짓고 땅 몇 마지기를 일궈 평화롭게 살아갈 계획을 꾸민다면, 샘물이 달고 땅이 기름지고 채소 또한 넉넉하여 일생을 편히 보낼 수 있겠구나. 다만 한스러운 것은 사람이 여유가 없다는 게지."
> 조금 뒤 폭설이 다시 내렸다. 바위와 골짜기가 어둑해졌고, 걸음걸이가 옮겨지지 않았다.

 눈덮인 설원에서 여유를 즐길 만한 곳을 찾았지만 그것을 누릴 마음의 준비가 되지 않았다고 이경전은 탄식한다. 폭설이 쏟아지는 산을 다섯 살, 일곱 살 난 손자들과 함께 오른 65세 노인의 무모함! 하지만 위험하고 무모한 짓으로 보기보단 설산雪山을 올라간 활력을 높이 사는 편이 옳다. 그런 체험의 맛은 아무나 알 수 없다. 산을 내려와 눈 덮인 산을 돌아보며 이경전은 "한바탕 신선이 된 꿈을 꾸다 깬 것만 같다"고 했다.
 "뜬구름 같은 인생에서 우연히 반나절 한가함을 얻는다浮生偶得半日

閑"라는 말이 있다. 먼 옛날에도 틀에 박힌 일상에서 벗어나 여유를 즐기는 일은 쉽지 않았나 보다. 더구나 이 바쁜 현대를 사는 사람들이 그런 한가함이 문득 찾아올 때 흔쾌히 받아들여 호쾌하게 멋을 부리기란 아무래도 쉬운 일이 아닌 것 같다.

여덟 가지 넉넉한 것과 부족한 것

반나절의 한가함을 즐기는 정도야 보통 사람도 마음먹으면 할 수 있겠지만, 수십 년 세월을 간고하게 보내면서도 늘 마음의 여유를 잃지 않기란 쉬운 일이 아니다. 사재思齋 김정국金正國(1485~1541) 같은 사람은 그런 드문 행복을 가꾼 사람이다. 그는 청복淸福을 마음껏 누린 군자君子였다. 청복이란 깨끗한 행복이니 재물이나 권력 같은 세속적 욕망에 매이지 않은 사람만이 누리는 행복이다. 자연에서 얻는 행복, 청빈한 삶에서 얻어지는 만족 같은 것이 그에 해당한다. 하지만 이런 청복은 노력 없이 얻어지는 것이 절대 아니다.

김정국은 중종 때의 명신으로 모재慕齋 김안국金安國의 아우다. 그는 황해 감사로 있을 때 《경민편警民編》을 편찬하여 백성의 교육에 기여했고, 또 《사재척언思齋摭言》이란 빼어난 야사를 지어 당시의 사회상을 날카로운 필치로 그려냈다. 《사재척언》은 그 시대의 가장 뛰어난 문학작품 중 하나라고 나는 감히 평하고 싶다.

정치·문학·교육 등 여러 분야에서 괄목할 업적을 남긴 그에게는 근엄한 풍모가 있다. 더불어 멋과 품위를 지키며 산 고사高士의 기절이 은근히 우러난다. 사재의 인간미는 그의 아호雅號에 담긴 속뜻을 캐낼 때부터 점차 내게 다가왔다. 그는 한때 팔여八餘라는 아호를 쓴 적이 있었다. '여덟 가지 넉넉한 것'이라는 말이 좀 특별하다 싶어 자세히 살펴보았더니 뜻밖에도 흥미로운 사연이 담겨 있었다.

1519년 훈구대신勳舊大臣들에게 밀려 많은 사림士林이 죽거나 쫓겨난 기묘사화己卯士禍 때의 일이다. 사재 역시 정계에서 축출당해 고양군高陽郡 서쪽 망동리芒洞里에 은휴정恩休亭이란 작은 정자를 짓고 학생을 가르치고 책을 지으며 나날을 보냈다. 정자 이름 은휴恩休는 임금님 덕택에 쉰다는 뜻이다. 불행조차도 다행으로 여기고 원망하기보다는 고마워하는 마음이 담겨 있다.

벼슬 살던 때와는 생활이 완전히 바뀌자 사재는 아예 호를 새로 지었다. 여덟 가지 넉넉한 것이 있다는 의미의 팔여거사八餘居士라는 호다. 옛날에 비하면 부족한 것이 많을텐데 오히려 넉넉하다고 광고하는 격이다. 어느 친구가 다소 생뚱맞은 새 호의 뜻을 물어왔다. 사재는 이렇게 대꾸했다.

토란국과 보리밥을 배불리 넉넉하게 먹고, 부들자리와 따뜻한 온돌에서 잠을 넉넉하게 자고, 땅에서 솟는 맑은 샘물을 넉넉하게 마시고, 서가에 가득한 책을 넉넉하게 보고, 봄날에는 꽃을 가을에는 달빛을 넉넉하게 감상하고, 새들의 지저귐과 솔바람소리를 넉넉하게 듣고, 눈

속에 핀 매화와 서리 맞은 국화에서는 넉넉하게 향기를 맡는다네. 한 가지 더, 이 일곱 가지를 넉넉하게 즐기기에 팔여라고 했네.

여덟 가지를 넉넉하게 즐기므로 팔여八餘라는 호를 지었다는 것이다. 하나같이 부귀영화를 누리는 시절에는 접해 보지 못한 생활이다. 그런데 사재가 넉넉하게 즐긴다는 것들이 애써 남과 다퉈야 얻을 수 있는 특별한 물건이나 생활은 아니다. 누가 뺏으려고도 않고, 아무리 즐겨도 막는 이가 없어 그야말로 하늘이 인간에게 무한정 제공하는 자연스런 것들이다. 그 말을 듣고 난 친구는 한참을 곰곰 생각하다 이런 말을 건넸다.

세상에는 자네와 반대로 사는 사람이 있더군. 진수성찬을 배불리 먹고도 부족하고, 휘황한 난간에 비단 병풍을 치고 잠을 자면서도 부족하고, 이름난 술을 실컷 마시고도 부족하다네. 울긋불긋한 그림을 실컷 보고도 부족하고, 아리따운 기생과 실컷 놀고도 부족하고, 좋은 음악을 다 듣고도 부족하고, 희귀한 향을 맡고도 부족하다 여기지. 한 가지 더, 이 일곱 가지 부족한 것이 있다고 그 부족함을 걱정하더군. 내 자네를 따라서 여덟 가지를 넉넉하게 즐기는 사람이 되기를 바랄 뿐, 속물을 따라서 부족함을 걱정하는 인간은 되고 싶지 않네그려.

그 친구의 수준도 만만치 않다. 사재와 완전히 반대되는 인생 태도를 가진 족속을 잘도 묘사했다. 그런 사람들이 즐기는 것은 하나같이 쟁취해 얻어야 할 쾌락이다. 더 가련한 것은 그렇게 해서 풍족해진 다음에도 도무지 만족할 줄 모른다는 점이다. 팔여八餘와 팔부족八不足 사이에는 너무도 큰 차이가 있다. 사재와 친구의 대화에서 나는 행불행의 갈림길을 본다.

사재의 이러한 철학은 생활에 그대로 나타났다. 사재는 망동리에서 20여 년 동안 팔여를 실천하며 가난하게 살았다. 생업을 돌보지 않은 채 교육에만 전력했다. 1538년 조정의 부름을 받아 전라도 관찰사로 부임하기까지 그의 청빈한 삶은 계속되었다.

이렇게 팔여라는 호에는 불우한 시절을 원망과 증오로 보내지 않고, 여유와 청빈을 즐기며 인생의 위의威儀를 지키려 했던 사재의 지혜가 빛난다.

진정한 즐거움은 한가한 삶에 있나니

이미 늙어버린 사재에게 부자 친구가 하나 있었다. 이 친구가 재물을 탐욕스럽게 모은다는 소문이 사재의 귀에 들려왔다. 친구의 노탐老貪이라 생각한 사재는 "우리가 살면 얼마나 산다고 재물을 탐하는가?"라며 이런 편지를 보냈다.

그대는 살림살이가 나보다 백 배나 넉넉한데 어째서 그칠 줄 모르고 쓸데없는 물건을 모으는가? 없어서는 안 될 물건이 있기야 하지. 책 한 시렁, 거문고 한 벌, 벗 한 사람, 신 한 켤레, 잠을 청할 베개 하나, 바람 통하는 창문 하나, 햇볕 쪼일 툇마루 하나, 차 달일 화로 한 개, 늙은 몸 부축할 지팡이 한 개, 봄 경치 즐길 나귀 한 마리가 그것이라네. 이 열 가지 물건이 많기는 하지만 하나라도 없어서는 안 되네. 늙은 날을 보내는데 이외에 필요한 게 뭐가 있겠나.

그는 꼭 필요한 물건이라면서 욕심껏 열 가지를 손꼽았다. 그러나 잠을 청할 베개 하나, 바람 통하는 창문 하나, 햇볕 쪼일 툇마루 하나 등 그가 욕심내는 물건들은 하나같이 속물적인 탐욕과는 거리가 멀고, 청복을 누리기에 마땅한 것들이다. 친구가 부린 욕심이 노탐이라면 사재가 부린 욕심은 청탐淸貪이라고 해야겠다. 욕심이라 할 수 없는 욕심을 힘주어 말하는, 따뜻하면서도 여유로운 노년의 사재를 생각하면 조선조 선비의 꼿꼿한 모습이 떠오른다. 나이가 들어서도 그는 중년에 고생하며 어렵게 세운 생활 철학을 고수하였다.

사재의 그런 생활 철학은 망동리로 내려와 살기 시작하면서 틀이 잡혔다. 막 망동리에 정착한 그에게 이웃 마을의 선비가 위로하는 편지 한 장을 보냈다. 사재는 답장 편지 대신 이런 시를 보냈다.

내 밭이 넓진 않아도	我田雖不饒
배 하나 채우기에 넉넉하고	一飽卽有餘

내 집이 좁고 누추해도	我廬雖阨陋
몸 하나는 언제나 편안하네	一身常晏如
밝은 창에 아침 햇살 오르면	晴窓朝日升
베개에 기대어 옛 책을 읽고	依枕看古書
술이 있어 스스로 따라 마시니	有酒吾自斟
영고성쇠는 나와는 무관하네	榮瘁不關予
무료할 거라곤 생각지 말게	勿謂我無聊
진정한 즐거움은 한가한 삶에 있나니	眞樂在閒居

(〈기묘사화가 일어나자 나는 연좌되어 고양 망동의 시골집에 물러나 살았다. 이웃 마을의 수재 변호邊灝가 편지를 보내 무료함을 위로하길래 곧바로 편지 끝에 써서 답하였다〉)

　물질이 부족해도 넉넉하게 즐길 줄 알며 살겠다는 자세가 진솔하다. "진정한 즐거움은 한가한 삶에 있다"는 끝 구절이 특히나 인상적이다. 갑작스러운 불행과 빈곤은 대개 사람을 황폐하게 만든다. 사재는 그와는 반대로 자신에게 닥친 불행을 편안히 받아들여 오히려 이제부터 진정으로 즐거울 수 있다고 하였다. 시련조차도 즐겁게 받아들이는 것, 그것이 사재의 넉넉하고 여유로운 마음의 뿌리다.

적당히 먹으면 편안하고
지나치게 먹으면 편치 않다.
의젓한 너 천군이여!
입의 유혹에 넘어가지 말라!

입의 유혹에 넘어가지 말라
성호 이익의 절식 철학

다이어트, 웰빙, 슬로 라이프, 요즘 갑자기 자연친화적인 삶을 강조하는 목소리가 높아졌다. 문제는 그 답을 어디서 찾을 것인가인데 옛 선비들의 질박하지만 단아한 생활 모습을 들여다보면 어떨까 한다.

지금처럼 음식이 넘쳐나는 때가 또 있을까? 음식이 풍부하니 비만인 사람이 적지 않다. 비만을 두려워하는 사람들은 건강을 해치면서까지 다이어트에 열중하기도 한다. 그런데 이 다이어트라는 말을 옛말로 표현하면 절식節食, 즉 음식 조절이다.

고구려 절식 풍속

중국 사람들의 눈에는 절식하면 고구려 사람이 떠올랐던가 보다. 《삼국지三國志》와 《남사南史》의 〈고구려전高句麗傳〉에는 고구려를 대표하는 풍속으로 음식의 절제를 꼽았다. 《삼국지》의 기록은 이렇다.

산골짜기를 따라 집을 짓고 살며 계곡 물을 마신다. 비옥한 밭이 없어서 힘써 농사를 지어도 배를 채울 수 없다. 그들의 풍속은 절식을 잘하고, 집 꾸미기를 좋아한다.

그들의 눈에는 고구려 사람들이 집은 잘 짓고 살면서 음식을 아껴 적게 먹는 모습이 아주 특이하게 보였나 보다. 눈에 띄는 특징만을 수록했을 중국 측 사료에까지 절식 풍습이 기록된 것을 보면 먹을거리를 아끼는 것이 우리 민족의 천성이었던 것도 같다.

고려와 조선 시대라고 해서 다르지 않았을 것이다. 끼니를 대는 것 자체가 어려웠던 시절이었으니 굳이 절식을 강조할 필요는 없었을 듯하다. 하지만 가난해서 음식을 못 먹는 것이 절식의 본래 의미는 아니다. 절식의 의미는 먹을거리가 있는데도 조절하는 데 있다. 양생법養生法에서도 늘 먹는 것을 경계했다. 《준생팔전遵生八箋》이란 책을 보면 "도에 넘치게 굶주리거나 포식하면 비장脾臟을 상하게 한다"고 하여 도를 넘는 과식이나 절식絶食을 경계했다. 또 "날마다 경계할 것은 저녁에 포식하지 않는 것一日之忌, 暮無飽食"이라고 하여 저녁에 포식하는 것을 특히 금기시했다. 《준생팔전》은 도가의 양생법을 정리한 책으로 조선 선비들 사이에서도 널리 읽혔다. 그 내용은 우리가 알고 있는 상식에 부합해 다이어트의 방법으로 새겨들을 만하다.

네 가지 조심할 일

옛사람이라고 음식을 앞에 두고 참기 쉬울 리 없었을 것이다. 그렇다 보니 절식을 다짐하는 글이 간간이 보인다. 송대의 중국 문인 소동파蘇東坡의 글이 백미다. 〈음식을 줄여 먹자節飮食說〉는 짤막한 글에 이런 말이 있다.

나는 오늘부터 하루 동안 먹고 마시는 양을 술 한 잔 고기 한 조각으로 그칠 것이다. 귀한 손님이 있어 상을 더 차려야 한다 해도 그보다 세 배 이상은 넘지 않을 것이다. 그보다 덜할 수는 있어도 더할 수는 없다. 나를 초청한 사람이 있을 때에는 미리 이 다짐을 알려준다. 주인이 따르지 않고 더 권하더라도 그 이상은 먹지 않는다. 그렇게 하면 첫째 분수에 맞으니 복이 길러질 것이요, 둘째 위가 넉넉하니 기운이 길러질 것이요, 셋째 비용이 절약되니 재산이 늘어날 것이다. 원풍 6년 8월 27일에 쓴다.

소동파 같은 멋쟁이가 사소한 문제를 두고 좀스럽게 글을 지었다고 생각하면, 조금은 씁쓸한 느낌이 든다. 그러나 그렇게 볼 일은 아니다. 그는 술 한 잔, 고기 한 조각으로 식사량을 제한해 분수를 지키고, 위에 부담을 주지 않으며, 음식비를 줄이는 세 가지 효과를 노렸다. 이는 일시적인 다짐이 아니라 그의 생활신조였다. 〈네 가지 조심할 일書四戒〉이라는 잠언에서도 그러한 생활신조를 제시하고 있기 때문이다.

수레나 가마를 타는 것은 다리가 약해질 조짐이고
골방이나 다락방은 감기 걸리기 십상이다.
어여쁜 여인은 건강을 해치는 도끼이고
맛난 음식은 창자를 썩게 하는 독약이다.

맛있는 음식은 창자를 썩게 하는 독약이므로 적절하게 먹어야 한다고 했다. 천 년 전 한 이국 지식인의 생활 모토가 현재 우리의 일상에 적용해도 크게 어긋나지 않으니 신기하다.

조선의 선비라고 왜 그런 글이 없겠는가? 절식을 논한 글들이 선인들의 문집에서 종종 발견된다. 관점이 다른 두 분의 글을 읽어본다. 먼저 영조 연간에 살았던 저명한 실학자 성호星湖 이익李瀷 선생의 저술《성호사설星湖僿說》에 나오는 내용이다.

나는 천성이 책을 좋아해 날마다 끙끙대며 읽느라고 베 한 올 쌀 한 톨 내 힘으로 장만하지 않는다. 천지간의 좀벌레 한 마리란 말이 어찌 나 같은 존재를 가리키는 것이 아니랴? 요행히 선대先代가 남기신 전답이 있어서 몇 섬 몇 말을 거둔다. 게서 나오는 식량을 절약하여 많이 먹지 않는 것으로 첫째가는 경륜經綸이자, 양책良策을 삼는다.

무릇 한 그릇에서 한 홉의 쌀을 덜어낸다. 남들은 아무 소용이 없는 짓이라고 하겠지만, 하루에 두 그릇 먹으면 두 홉이고, 한 집이 열 식구라면 두 되가 될 것이다. 일만 가구가 사는 군郡이라면 이천 말이나 되는 많은 식량이 쌓인다. 더구나 한 식구의 소비가 한 홉에 그치지 않는다. 또 한 사람이 1년 동안 먹을 것이 쌓이면 매우 많다. 쓸데없는 소비는 한 푼 한 홉도 아깝다.

우리나라 사람들이 많이 먹으려고 드는 습성은 천하에서 제일 간다. 최근에 표류하여 유구국琉球國에 간 자가 있었다. 그 나라 백성들이 "너희 풍속이 항상 큰 사발과 쇠숟갈로 밥을 떠서 실컷 먹으니 어떻게 가난하지 않겠는가?"라며 비웃었다. 예전에 우리나라에 표류하여 온 자가 있어 우리 풍속을 잘 알고 하는 말이다. 내가 일찍이 바닷가에서 한 사람이 세 사람이 나눠 먹어도 굶주리지 않을 양을 먹는 장면을 본 적이 있다. 나라가 어떻게 가난해지지 않겠는가?

어려서 배불리 먹는 습관이 들면 위장이 차츰 커져서 채워지지 않으면 굶주림을 느낀다. 차츰차츰 습관이 들어 차츰차츰 굶주림을 느끼면 굶어죽는 사람도 생길 것이다. 습관이 들어 위장이 커지는 사람이 있다면 습관이 들어 위장이 작아지는 사람도 반드시 있을 것이다. 그러므로 곡식을 아주 끊고 먹지 않은 사람도 있다. 산과 들의 짐승들이 얼음이 얼고 눈이 쌓여도 죽지 않고 견디는 것은 습관의 결과다. 비록 늘 굶을 수는 없다 하더라도 너무 과하게 먹는 음식을 덜어내는 것이야 불가능하겠는가?

천지간의 좀벌레 한 마리

우리나라 사람들이 한꺼번에 많이 먹기론 천하 제일이라는 성호의 비판은 신선한 충격을 던진다. 중국 사람들이 보기에 조선 사람은 식사를 적게 한다고 알려졌다. 반면에 유구 사람들에게는 조선 사람이 대식가로 인식되었다. 유구 사람들의 지적에 성호는 주목했다. 성호가 조선 사람들의 과식을 문제 삼은 이면에는 다른 이유도 있었다. 베 한 올 쌀 한 톨도 내 힘으로 장만하지 않는 이들이 밥을 많이 축내는 것은 죄악이라는 생각에서다.

성호는 자신을 "천지간의 좀벌레 한 마리"라고 표현했다. 일하지 않는 자는 먹지 말라는 생각을 가진 성호는 양심적인 선비였다. 그런 그에게 최선의 경륜經綸과 양책良策은 다름아닌 절식이었다. 안 먹을 수는 없지만 줄여 먹을 수는 있기에, 그는 한 그릇에서 한 홉의 쌀을 덜어내는 절약을 실천했다.

성호가 평생 그 다짐대로 살았는지는 확인하지 못했다. 하지만 조선 사람이 지나치게 많이 먹는다는 점, 더구나 일하지 않는 부자들이 너무 많이 먹는다는 비판에서 음식물 하나까지도 사회적 맥락에서 파악하고, 작은 노력을 통해 큰 효과를 노린 사회사상가 성호의 식견을 본다. 한 그릇에서 한 숟가락의 쌀을 덜어내는 절미운동을 벌인다면 한 고을에서도 일년에 이천 말의 쌀이 걷힌다. 이렇게 모인 쌀을 저축하고 빈민에게 나누어주기를 바랐다. 물정 모르는 선비의 발상이라고 흠잡을 일이 아니다.

조선 사람이 먹어도 너무 많이 먹는다고 성호가 비판한 것이 당시 사정에 부합하는지 섣불리 판단 할 수 없는 일이다. 실정이야 어쨌든 부유한 사람들의 낭비 풍조에 대한 비판과 대안이 될 수 있다.

입의 유혹에 넘어가지 말라

성호와는 달리 많은 선비들은 건강과 섭생의 문제로 절식을 권유했다. 순조 연간의 저명한 시인 이양연李亮淵이 지은 〈절식패명節食牌銘〉이 제일 먼저 생각난다. 제목은 '절식하기 위한 경계의 말을 적은 팻말' 이라는 뜻인데, 열 여섯 자로 이루어진 짤막한 잠언이다.

적당히 먹으면 편안하고	適喫則安
지나치게 먹으면 편치 않다.	過喫則否
의젓한 너 천군이여!	儼爾天君
입의 유혹에 넘어가지 말라!	無爲口誘

천군天君은 몸의 주재자인 마음을 비유한 말이다. 젊은이들이 모여 함께 밥을 먹을 때마다 한 사람이 이 팻말을 두드리고 거기 적힌 글을 소리 내어 읽음으로써 좌중의 사람들에게 과식하지 말 것을 경계했다고 한다. 이 잠언은 다이어트하는 사람을 위한 표어처럼 보인다. 절식해야 하는 이유를 차분한 논조로 설파한 성호의 논리적인 글보다 오히려 피부에 와 닿는 글이라 당장 식탁 옆에 붙여두고 싶은 마음이 든다.

조선시대에는 성호의 말처럼 우리가 과연 다른 나라 사람들에 비해 과식을 했는지는 모르겠다. 어쨌거나 현재의 우리들에 비하면 먹을 것이 풍족하지는 못했다. 그러나 옛선비들은 많이 먹는 것을 죄악시해 식사량을 조절하려 애쓴 사람들이 적지 않았다. 비만이 걱정되는 사람들이라면 고풍스러운 《절식패명》을 떠올려보는 것이 어떨까?

그들의 냉혹함이 얼음장 같다 해도 나는 떨지 않고, 그 뜨거움이 대지를 불태운다 해도 나는 타지 않는다. 옳은 것도 없고 그른 것도 없이, 오직 내 마음 가는 대로 쫓아갈 것이다. 내 마음이 찾아가는 곳은 오직 나 자신일 뿐이다. 그러니 거취가 느긋하여 여유가 있지 않겠는가?

권세가와 선비의 갈림길
역사가 심판한 김안로, 역사가 평가한 유몽인

옛 명사들 가운데 하늘이 준 수명을 채우지 못하고 형장의 이슬이 되고 만 사람이 적지 않다. 현재 남겨진 기록만으로는 그들에 대한 처형이 올바른 것인지조차 정확히 판단하기 어려울 때도 있다. 하지만 후세 사람들이 내린 역사적 평가는 대체로 엄정하다. 처형 당시의 법률적 판단보다 더 매서운 것이 뒷사람의 평가다.

역사가 심판한 문인, 김안로

희락당希樂堂 김안로金安老(1481~1537)는 중종中宗 때의 권간權奸이다. 좌의정까지 오른 그는 명현名賢을 죽이거나 내쫓았고, 문정왕후를 몰아내려 하는 등 지탄받은 전횡을 부리다 결국 제 자신이 사사賜死당했다. 중종 때는 남곤과 심정처럼 사람들에게 배척받아 권좌에서 쫓겨난 이가 적지 않았다. 김안로는 그 가운데서도 대표적인 흉인兇人으로 낙인찍혔다. 《축수편逐睡篇》이란 책에서는 김안로를 평하여 "외모가 단아하여 종일토록 꼼짝 않고 앉아 있는데, 멀리서 바라보면 관옥冠玉과도 같았다. 입고 있던 옷을 벗으면 구겨진 데가 하나도 없었다. 다만 눈을 위로 치켜뜨는 모습에서 요망한 태도가 손에 잡힐 듯했다"고 전했다. 그의 용모는 매우 수려했고, 몸가짐도 단정했으나 수려한 용모 뒷편에 흉인의 마음가짐이 감춰져 있다 했다. 악인의 모습을 억지로라도 찾아내려 했던 후세인의 의도를 읽을 수 있는 인물평이다.

  김안로, 역사에 오명을 남긴 사람이지만 악인이라 해서 간단히 넘겨볼 인물이 아니다. 우선 그는 집안 사람들만으로 용두회龍頭會(장원급제자 모임)를 열 만큼 출중한 가문 출신이다. 본인 역시 문과에 장원급제한 수재였다. 감각적이고 화려한 묘사가 돋보이는 〈그네〉라는 시가 그의 장원 작품이다.

봄바람이 복사꽃 봉오리를 터뜨리는 계절	東風初破小桃腮
그네 뛰는 철이라고 비는 내려 먼지를 씻네	節迫秋千雨洗埃
비단 신은 꽃을 스쳐 붉은 이슬에 젖어들고	繡舃掠花紅露濕
고운 다리 버들을 헤쳐 푸른 안개 갈라놓네	纖肢劈柳綠烟開
농옥弄玉*이 퉁소 불며 떠나는가 싶더니만	初疑弄玉吹簫去
비경飛瓊*이 학을 타고 내려오는 모양일세	還訝飛瓊御鶴來

반선半仙*놀이 유흥이라 그 누구 비웃었나?	堪笑半仙眞戱劇
경양景陽의 병화兵禍*가 여기에서 싹텄다네	景陽兵禍是成胎

* 농옥: 중국 진목공秦穆公의 딸. 퉁소의 달인 소사에게 시집가서 퉁소를 배우고 뒤에 신선이 되어 하늘로 올라갔다 함.
* 비경: 서왕모西王母의 시녀인 허비경許飛瓊을 말함. 서왕모가 한무제와 연회를 열었을 때 허비경에게 피리를 연주하게 했음.
* 반선: 그녀의 별칭.
* 경양의 병화: 중국 남당南唐의 진후주陳後主가 후궁들과 쾌락을 즐기다 수나라에 멸망 당했다. 진후주는 경양궁景陽宮에 숨어 있다 수나라 군사에게 사로잡혔다.

과거시험에 장원한 시치고는 매우 서정적이다. 하지만 마지막 대목에서 그네로 인해 큰 정치적 소용돌이가 일어난 일이 있었음을 상기시켜 선비의 시다운 자세를 유지하였다.

정승 신분으로 한 시대의 문학과 학문을 대표하는 대제학大提學의 직책을 겸임한 것도 그의 창작 솜씨를 보면 무리가 아니다. 그런 예를 그 외에는 거의 찾아볼 수 없다. 그는 조선조 500년을 통틀어 몇 안 되는 큰 인물이 될 수도 있었다.

김안로는 특히 시문에 재능을 보였다. 시를 짓는 즐거움과 괴로움을 토로한 〈시를 짓고서作詩〉에는 창작에 고민하는 시인의 모습이 여실히 드러난다. 마음을 성곽에 비유한 〈성의관기誠意關記〉라는 글에서는 심성 수양의 문제를 심각하게 천착하기도 했다. 그는 꽃 가운데서는 매화를 즐겨 읊었고, 새와 곤충 그리고 역사를 소재로 많은 시를 지었다. 김안로라는 이름을 일단 덮어두고 그의 작품을 읽어보면 그는 참으로 뛰어난 문사요, 선류善類라고 해야 할 것이다.

김안로의 작품은 《희락당고希樂堂稿》라는 필사본 문집으로 남아 있다. 그처럼 만인의 손가락질을 당한 사람의 문집이 뒷세상에 전해지기란 쉬운 일이 아니다. 비슷한 처지의 남곤南袞 역시 문장가로 이름이 높았으나 죽기 전에 스스로 원고를 모두 불태웠다. 후세에 자기 문장이 전해지면 욕먹을 것이라 판단했기 때문이다. 남곤의 판단은 정확하게 들어맞았다.

남곤과 달리 김안로의 문집은 후손가에 비장秘藏되어 전해지다 수십 년 전에 공개되었다. 그가 사사賜死당한 후 수백 년이 지나도록 그 문집을 뒤적인 사람이 없었다. 생전에 저지른 악행에 후세 사람들이 철저하게 보복을 가한 결과일 것이다. 김안로에 내린 역사적 평가는 그렇게 혹독했다.

오명에 가려진 김안로의 글들

김안로의 문집은 독특해 시선을 끈다. 네 권에 달하는 그의 시집은 특이하게도 상세한 주석이 달려 있다. 보통 한국 문집에는 주석이 없다. 퇴계退溪의 문집 같은 경우에만 주석이 달리고 고증이 가해졌다. 주석이 달린다는 것은 그만큼 그 문집이 읽고 해석할 만한 가치가 있다는 것을 의미한다. 그런데 악인으로 지목당한 김안로의 《희락당고》에는 무슨 이유로 주석이 붙게 된 것일까? 희한한 일이 아닐 수 없다.

선비들 사이에 널리 읽혀서 그리 된 것은 분명 아니다. 비록 손가락질을 당하는 김안로였지만 후손들만은 그 문집의 가치를 인정해 주석을 붙였다고 보는 것이 현재로서는 그럴 법한 해답이다.

김안로의 문집은 후세 사람들에게 버림받았지만 그가 쓴 《용천담적기龍泉談寂記》는 널리 읽혔다. 이 책은 일종의 야사인데 1525년 남곤에게 축출당해 경기도 풍덕豊德에서 유배 생활하면서 권토중래捲土重來를 꿈꿀 때 쓴 것이다. 조선 전기의 야사들 가운데서 사료적 가치와 문학적 향기가 높은 저작을 고른다면 첫손가락에 꼽힐 만큼 우수한 작품이다. 담정潭庭 김려金鑢는 이 책을 필사한 뒤 다음과 같은 평을 남겼다.

> 이 책은 음양조화의 오묘함과 길흉화복의 근원에서 시작하여 고금 현인의 행적과 금수초목의 미물에 이르기까지 담지 않은 내용이 없을 뿐더러 기사가 정곡을 찌른다. 그래서 이 책을 읽고서 저자를 군자라고 생각하지 않을 사람이 없다. 그가 평소 행한 일과 대비해 보면 물과 불처럼 상반된다.

위대한 야사 연구가 담정은 이 책이 야사로서 가치가 대단하다고 평했다. 나 역시 담정의 평가에 동의한다. 계보상 담정은 김안로의 방손傍孫이었지만 혈연에 구애되어 긍정적 평가를 내린 것은 아니었다. 그는 김안로의 소인배적 면모를 털끝만큼도 용서하지 않았다.

김안로는 그의 행동으로 인해 비난을 받을 만큼 받았다. 이제는 혹시 역사에 남긴 오명 때문에 김안로의 글이 제대로 평가받지 못한 채 묻혀 있지 않은지, 다시 한번 돌아볼 일이다.

역사가 평가한 역적, 유몽인

김안로처럼 고위관료를 지내다 역적으로 몰려 처형된 인물 가운데 유몽인柳夢寅이 있다. 그 역시 뛰어난 문인이었다. 김안로의 《용천담적기》를 능가하는 《어우야담於于野談》이란 발군의 야담을 짓기도 했다. 그는 역적이라 해서 처형된 인물이지만 후세에는 널리 존경을 받았다. 여러모로 김안로와는 달랐다.

유몽인은 인조반정仁祖反正을 지지하지 않은 탓에 벼슬을 내놓고 방랑할 때 금강산 한 절에서 〈과부의 노래寡婦詞〉를 지었다.

칠십 먹은 늙은 과부	七十老孀婦
규방을 지키며 단아하게 사는데	端居守閨壼
사람들이 개가를 권하며	家人勸改嫁
무궁화처럼 멋진 남자를 소개했네	善男顔如槿
여사女史의 시를 제법 외웠고	頗誦女史詩
어진 여인들의 가르침을 배운 몸이	稍知姙姒訓
백발에 젊은 티를 낸다면	白首作春容

분가루가 부끄럽지 않겠소 寧不愧脂粉

과부는 곧 유몽인 자신이다. 오랜 세월 수절하여 늙은 마당에 새삼스레 인생을 바꿔보겠다고 변절할 수는 없다는 뜻이 담겨 있다. 당연히 광해군을 배반하지 않고 지조를 지키겠다는 뜻으로 읽힐 수 있다. 유몽인은 의금부에서 취조당할 때 군사설을 늘어놓지 않고 이 시를 내보였다. 시의 속내를 반정 대신들이 모를 리 없다. 그는 결국 이 시를 빌미로 처형됐고, 훗날 광해군의 신하 가운데 유일하게 절의를 지킨 신하라는 평을 들었다.

유몽인의 이런 처신은 한평생 굳게 지켜온 신념의 결과였다. 1623년 금강산에 머물고 있던 그는 반정 소식을 듣고 서울로 향했다. 보개산寶盖山 영은암靈隱庵에 이르렀을 때 마침 언기彦機와 운계雲桂라는 시승詩僧 둘을 만나게 되었다. 그들은 유몽인에게 "지금 새로운 성군께서 나라를 다스리게 되어 벼슬을 구하는 이들이 저자에 사람 꾀듯 몰려든답니다. 선생만은 왜 길거리에서 배회하는지요?"라고 물었다. 서둘러 조정에 얼굴을 내밀고 정권을 잡은 이들에게 눈도장을 받을 것이지 어째서 쓸쓸한 산속을 헤매고 있느냐는 핀잔 겸 충고였다. 유몽인은 이렇게 대꾸했다.

나는 늙고 망령든 사람이오. 지난해 금강산에 들어간 것은 세상을 가벼이 여겨서가 아니라 산을 좋아해서였고, 올해 금강산을 떠난 것은 관직을 얻고자 해서가 아니라 양식이 떨어졌기 때문이오. 지금 이 산에 머무는 것은 산을 사랑해서가 아니라, 식량이 흔하기 때문이오. 사물이 오래되면 신神이 들리고, 사람이 늙으면 기운이 빠지는 법이오. 6년 전에 미리 화를 피한 것은 신이 들려서고, 이익을 보고도 달려가지 않는 것은 기력이 노쇠한 때문이라오.

작년에 금강산에 머물렀던 것은 고상한 데가 있지만, 올해 야산野山에 들어온 것은 속된 데가 있소. 진흙탕에 뒹굴어도 몸을 더럽히지 않는 것이 결백한 행동이고, 먹을 것이 있다고 마구 달려드는 것은 비루한 짓이오. 내가 어디에 처해야 하겠소? 아무래도 재才와 부재不才, 현賢과 불현不賢, 지智와 우愚, 귀貴와 천賤의 사이인가 보오.

《보개산에서 언기와 운계 두 스님께 주다》

뒤집힌 세상을 만나 어떻게 처신해야 하는가

강인한 지조와 신념이 담긴 답글이다. 자기 신념을 거침없이 드러내는 기개가 인상적이다. 그는 망령된 늙은이가 정변을 틈타 출세를 꾀하는 추잡한 짓을 하지 못한다고 했다. 늙은 과부가 재가를 거부한 심사가 느껴진다. 천지가 뒤집힌 세상을 만나 선비는 어떻게 처신해야 할 것인가? 그는 어느 편에도 들지 않고 중립에 서려 했다. 글의 마지막 대목에 그런 의중이 담겨 있다. 더구나 먹을 것을 바라 마구 달려들지는 않겠다는 지조를 피력했고, 또 그렇게 실천했다.

아이러니컬하게도 유몽인은 광해군 시절에도 권세를 누린 인물은 아니었다. 당시 사족士族들이 서로 편을 갈라 당파 싸움을 벌이는 바람에 개성이 강한 개인은 자신의 재능을 펼칠 기회조차 갖지 못했다. 유몽인은 어디에도 빌붙지 않고 자신의 신념대로 행동했다. 이런 자신의 뜻을 글로 적어두기도 했다.

나는 혼자다. 오늘날의 선비 가운데 나처럼 혼자 다니는 자가 있는가? 홀로 세상을 헤쳐 가니, 벗을 사귈 때 어느 한편에 치우칠 리가 있겠는가? 한편에 치우지지 않으면 나머지 넷 다섯이 모두 나의 벗이 되나니, 나의 교유 범위가 넓지 않은가? 그들의 냉혹함이 얼음장 같다 해도 나는 떨지 않고, 그 뜨거움이 대지를 불태운다 해도 나는 타지 않는다. 옳은 것도 없고 그른 것도 없이, 오직 내 마음 가는 대로 쫓아갈 것이다. 내 마음이 찾아가는 곳은 오직 나 자신일 뿐이다. 그러니 거취가 느긋하여 여유가 있지 않겠는가?

《연경에 가는 이정구를 보내며》

편을 가르는 짓거리가 횡행하는 세상에서 어느 집단에도 속하지 않고 자신의 소신대로 살아가겠다는 의지를 과감히 밝혔다. 좋든 싫든 모두들 집단의 힘을 빌려 겨우 명맥을 유지하는데 "나는 혼자다余獨也" 외치며 홀로서기를 하다니, 그런 용기를 내는 게 어디 쉬운 일이겠는가? 그러나 정치판은 그런 강직한 외톨이를 가만 놔두지 않았다.

유몽인은 광해군의 시정時政을 비판했지만 광해군을 위해 목숨을 바쳤다. 그의 인생과 글은 이 세상의 부조리를 폭로한다. 〈범의 꾸짖음虎嘖文〉이란 글에서는 호랑이의 입을 빌려 "인간 세상에는 평지 한 걸음에도 백 개 천 개의 함정이 있는 줄을 알지 못하느냐!"라며 세상의 험난함을 설파한 그다. 그럼에도 그는 정작 세속 권력이 쳐놓은 함정을 피하지 못했다. 어쩌면 피하지 못한 것이 아니라 알고도 피하지 않은 것일 수도 있다. 〈범의 꾸짖음〉은 자신의 운명을 예견하고 쓴 글이나 아닐는지?

유몽인이 사형을 받게 되자 많은 사람들이 안타까워했다. 사후에는 더더욱 선비들이 흠모하는 대상이 되었다. 유만주俞晩柱는 "유몽인의 문장은 동국의 진정한 문장이다"라고 예찬했고, 이규상李奎象은 유몽인의 문장 한편한편이 너무도 기이하다면서 그의 문장에 매료되었다고 고백했다. 마침내 정조 임금은 그의 억울한 죽음을 인정해 죄를 사면했고, 그의 문집을 간행하라는 명령을 내리기까지 했다. 정조는 그를 김시습에 비유하며 역적은커녕 충신이라고 일컬었다.

김안로와 유몽인 두 사람은 각기 정치 권력이나 뛰어난 글재주로 당대를 풍미했다. 그들의 비극적인 운명 또한 비슷한 점이 없지 않다. 하지만 세상을 사는 태도나 권력을 상대하는 법이 달라 역사의 평가를 정반대의 방향으로 돌려놓았다.

정선, 〈금강전도〉, 호암미술관 소장

2 취미와 열정

가난한 집에 가진 거라곤
책 다섯 수레뿐
그것을 제외하면 남길 물건이 전혀 없다
살아서나 죽어서나 서책을 못 떠나니
전생에는 틀림없이 좀벌레였나 보다

*담헌 이하곤의 '만권루' 장서인

나의 희한한 수집벽이 제대로 평가받기를
서화 소장가 김광수와 장서가 이하곤

조선 전기 이래 학문과 예술에 대한 이해의 폭과 깊이가 축적되어 온 결과, 18세기에는 열정과 집념을 지닌 예술가와 학자들의 활약이 두드러졌다. 이미 18세기 전반부터 골동품과 서화를 수장하고 감상하는 수집가 및 거질의 장서를 소장한 장서가, 그리고 여러 분야에서 마니아들이 출현해 문화계에는 활력이 넘쳐 흘렀다. 그 무렵부터 우리에게 익숙한 전형적인 사대부상과는 다른 새로운 지식인이 출현하였다. 그러한 지식인상을 대표하는 것이 장서가와 수집가다.

벼슬대신 예술품–상고당 김광수

조선시대 문화의 황금기로 평가되는 영정조시대, 이를 선도한 자가 적지 않지만 그 가운데 예술품 소장가들도 빠질 수 없다.

어떤 이가 집을 사려는데, 뜰에 오래된 소나무가 서 있자 제값보다 많은 돈을 치르고 그 집을 샀다. 소나무 때문에 집값을 더 쳐주다니! 남들은 그를 두고 물정 모르는 바보라거나 돈이 남아돌아 주체 못하는 호사가라고 냉소했을 법하다. 그러나 그에게 오래된 소나무는 집의 가치를 더해 주는 중요한 재산이자 값을 매기기 힘든 귀한 물건으로 생각되었다. 영조 때 사람인 상고당尙古堂 김광수金光遂(1699~1770)가 바로 이 이야기의 주인공이다.

김광수는 호고好古 취미가 있어 오래된 서화나 청동기 같은 골동품을 수집하고 수장하는 벽癖이 있었다. 옛것을 숭상한다는 상고당이란 호에 그의 관심사가 잘 나타나 있다. 조선 후기에 예술품 전문 소장가들이 본격적으로 등장했는데, 그는 이 분야의 개척자나 다름없었.

그 시절에 골동품 수집은 일부 선비들의 굉장한 관심사여서 《추재기이》에 보면 이와 관련한 특이한 인물의 기행을 볼 수 있다.

한성의 손孫 노인은 원래 부자였다. 성품이 골동품을 좋아했으나 골동품을 감정할 안목은 없어, 사람들이 그에게 가짜를 주고 비싼 값을 받아 속이는 경우가 많았다. 그로 인해 집안이 결국 거덜 나게 되었다. 그러나 노인은 속았다는 사실을 여전히 눈치 채지 못했다. 홀로 방안에 앉아 단계연端溪硯에 오래된 먹을 갈아 묵향을 맡고, 한漢나라 시대 자기에 좋은 차를 다려 마시며 "이런 정도면 굶주림과 추위를 몰아낼 수 있지"라고 했다. 아침밥을 가져다주는 이웃 사람이 있었지만 그때마다 손사래를 치면서 "나는 중생들이 주는 것은 받지 않아"라고 했다.

〈〈골동품 늙은이古董老子〉〉

극단적인 경우이지만 골동품 수집열이 대단했던 시대상을 잘 보여주는 이야기다. 밥 대신 골동품을 즐기는 이러한 부류의 등장이 조선 후기 사회의 한 단면이다.

이조판서를 지낸 김동필金東弼의 아들로 태어난 김광수는 일찌감치 벼슬길을 포기하고 오로지 수많은 서적과 서화 및 골동을 사들여 읽고 품평하는 데 인생을 걸었다. 그가 소장한 서화와 골동은 천하의 명품이고, 시문집과 패관잡기稗官雜記는 천하의 기서奇書였다. 그의 감식안은 신묘하기 짝이 없었다. 자기 마음에 드는 물건을 팔려는 사람이 나타나면, 입고 있던 옷을 벗어주고 곳간의 재물을 다 주어도 전혀 아까워하지 않았다. 당시 서울 장안의 서화는 중국 것이나 조선 것이나 모두 김광수의 감식안을 거쳤다. 물건의 출처를 잘 밝혔고, 좋고 나쁨을 옳게 분간했을 뿐 아니라, 물건을 다 보기도 전에 진품인지 모사품인지 바로 알아냈다.

김광수는 스스로 세상과 인연을 끊고 자기 취미에 몰두한, 요즘 식으로 말하면 마니아였다. 친구인 이덕수李德壽(1673~1744)가 쓴 〈상고당김씨전尙古堂金氏傳〉에는 다음과 같은 그의 독특한 언행이 기록되어 있다.

세상 모두가 나를 버렸듯이 나도 세상에 구하는 것이 없다. 그리나 내가 문화를 선양하여 태평시대를 수놓음으로써 300년 조선의 풍속을 바꾸어놓은 일은 먼 훗날 알아주는 자가 나타날 수도 있겠지.

김광수는 자신의 희한한 수집벽이 먼 훗날 제대로 평가받기를 기대했다. 그처럼 광범위한 지식을 토대로 서화와 골동을 전문적으로 수집하고 감상한 사람은 전에는 거의 없었다. 김광수는 조선에 미술품 소장의 붐을 일으켰다 해도 과언이 아니다. 그로 인해 뒤 이어 윤동석尹東晳·김광국金光國·서상수徐常修 등 전문 수집광들이 나타나게 되었다. 김광국 같은 이는 10대 시절부터 그에게 배워 전문 수집가가 되었다.

척박한 환경에서 예술품을 열성으로 수집하다 보니 김광수의 만년 생활은 궁핍했다. 노경에 이른 그는 "나는 이제 눈이 어두워졌으니 평생 눈에 갖다 바쳤던 것을 이제는 입에 갖다 바칠 수밖에 없다"며 수집한 물건을 내놓았으나, 팔리는 값은 산 값을 기준으로 할 때 열에 두셋도 되지 않았다. 게다가 나이가 들어 이까지 몽땅 빠지고 보니 입에 갖다 바치는 것이라고는 국물이나 가루 음식뿐이었다. 볼썽사나운 수집가의 말로가 저 《추재기이》의 손노인과 비슷하다. 박지원이 쓴 〈서상수가 소장한 청명상하도 발문〉에 나오는 이야기다.

심사정沈師正, 〈방심석전산수도倣沈田山水圖〉, 국립중앙박물관 소장
김광수가 소장했던 그림의 하나로 김광수의 발문이 합철되어 있다.

고서화 수집, 예술가의 안목을 키우다

예술품에 대한 김광수의 기호와 조예는 많은 예술가와 사귈 수 있는 기회를 만들었다. 화가 이인상李麟祥, 심사정沈師正, 문인 신유한申維翰, 서예가 이광사李匡師와 특별히 친분이 두터웠다. 그가 수집한 많은 고서화와 문헌이 화가와 서예가의 안목을 높이는 데 큰 기여를 했다. 고서화의 수집이 당대 예술가의 안목을 키움으로써 그들을 후원한 셈이다.

그런 증거가 곳곳에 남아 있다. 이광사는 서예 이론서인 《서결書訣》에서 "30년 전부터 김광수가 옛것에 고질병이 있어 한위漢魏 시대의 많은 비석을 구입하기 시작했다"고 밝혔다. 18세기 이후의 서예 발전에 감광수의 수집품이 적잖게 기여했음을 말해 주는 기록이다.

그중에서도 서예가 이광사와의 교유는 각별한 데가 있었다. 의기투합한 김광수와 이광사는 현재의 서대문 네거리 부근인 원교員嶠(둥그재)에 집을 지어두고 자주 왕래했다. 김광수의 내도재來道齋라는 집이 그곳인데, 내도란 도보道甫를 오게 한다는 의미요, 도보는 곧 이광사의 자字다. 이광사를 불러 머물게 하는 집이라는 뜻이다. 조용히 친구를 만나기 위해 집을 따로 만들 만큼 우정이 각별해 경탄을 자아낸다. 이광사는 〈내도재기來道齋記〉라는 글을 지어 친구 김광수의 후의에 답을 했는데, 그 가운데 이런 대목이 있다.

그는 나를 위해 늘 좋은 술을 차려놓았다. 흥이 나면 바로 나를 생각했고, 생각하면 바로 말을 보내서 나를 찾았다. 나 또한 흔쾌히 그에게로 달려갔다. 문에 들어서면 손을 잡고 웃고 나서 마주볼 뿐 다른 말이 없다. 책상 위의 책을 가져다 몇 구절 쓱 읽고, 옛 종이를 펼쳐본다. 그러면 그는 벌써 향을 사르고 두건을 뒤로 젖혀 차를 달였다. 차를 권하며 시간을 보내다 땅거미가 져서야 돌아왔다.

회심우會心友(마음 맞는 벗)끼리의 다정다감한 우정이 글의 여백에 가득하다. 이러한 일화를 통해서도 예술가적 면모가 남다른 김광수의 모습이 엿보인다. 두 예술가의 격의 없는 만남은 지금도 실물로 남아 있다.

김광수는 자기가 죽은 뒤 누군가가 써야 할 묘지명을 직접 쓰고 이광사에게 글씨를 부탁했다. 이렇게 해서 만든 〈상고서첩尙古書帖〉이 후세에 남아 두 예술가의 강렬한 자의식 세계를 고스란히 보여준다. 그리고 전하는 얘기에는 명나라의 대표 화가 구영仇英이 그린 〈청명상하도淸明上河圖〉를 부장하려 했다고 한다(이 그림은 묘에 묻히지 않고 나중에 서상수의 소장품이 되었다고 한다). 사후에도 예술적 감흥을 누리려 한 것일까.

김광수가 쓴 자명自銘의 일부를 보자.

좋은 가문에 태어나 번잡하고 호사스러움을 싫어하여
법과 구속을 벗어나 물정에 어둡고 편벽됨에 빠졌다.

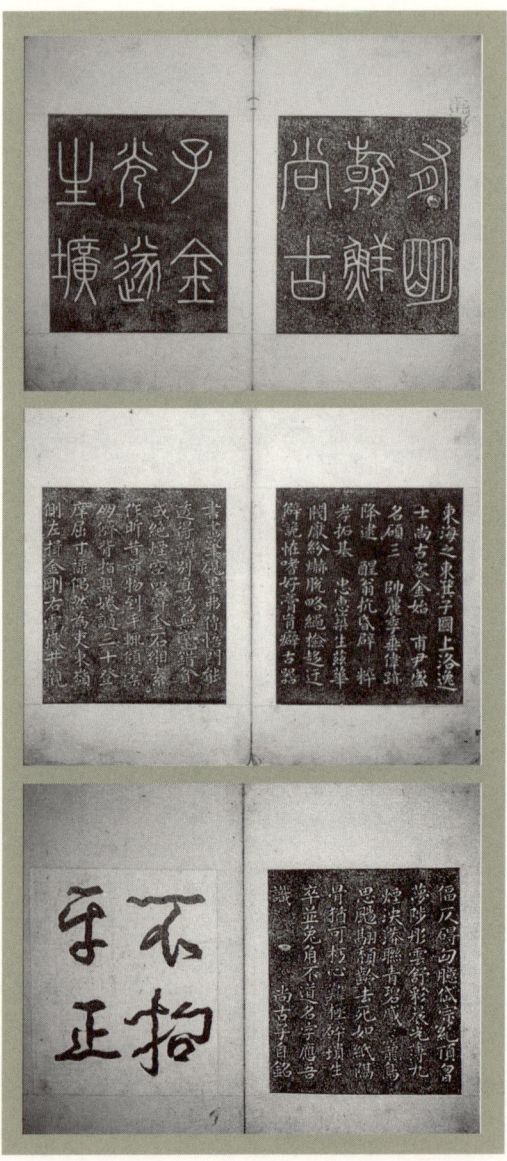

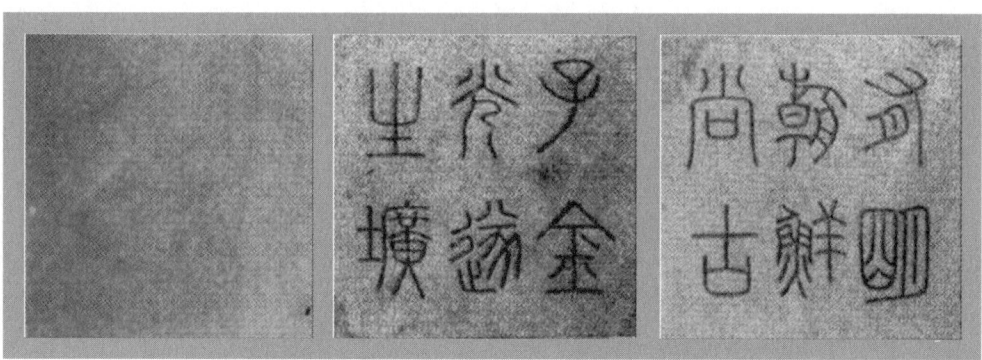

이광사가 쓴 김광수의 생광명生壙銘 탁본과 실물. 《원교서법圓嶠書法》, 탁본, 27.2×18.1cm 수당고택 소장(왼쪽); 〈김광수생광명〉, 석재石製, 16.2×16.7×2.2cm, 국립중앙박물관. 소장(오른쪽)
생광명 지석 3매는 "유명조선상고자 김광수지광有明朝鮮尙古子金光遂之壙"이란 전서 제목을 2면에 새기고, 김광수가 짓고 이광사가 글씨를 쓴 자명自銘을 뒤 3면에 새겼다. 《원교서법》에 실린 것은 이것을 탁본한 것이다.

괴기한 것을 좋아하는 고칠 수 없는 벽癖을 가져
옛 물건과 서화, 붓과 벼루, 그리고 먹에 몰입했다
돈오頓悟의 법을 전수받지 않았어도 꿰뚫어 알아서
진위를 가려내는 데 털끝만큼도 어긋남이 없었다
가난으로 끼니가 끊긴 채 벽만 덩그러니 서 있어도
금석문과 서책으로 아침저녁을 대신했으며
기이한 물건을 얻으면 가진 돈을 당장 주어버리니
벗들은 손가락질하고 식구들은 화를 냈다

　　　　　　　(중략)

몸이 늙어 죽음과는 종이 한 장 차이지만
뼈는 썩을지라도 마음은 사라지지 않으리
시시콜콜한 생몰연대는 토끼의 뿔 같은 것
이름과 자를 대지 않아도 나인 줄을 알리라

　보통 사대부들이 추구하는 관직과 명예, 재물과 사치를 미련 없이 버리고 예술품과 예술가를 사랑한 한 사람을 이 묘지명에서 만날 수 있다. 남들이 손가락질을 하든 말든 자기 취미에 푹 빠진 특이한 인간이다. 자신의 이름이나 생존연대는 중요하지 않다. 그런 타입의 인간이 존재했었다는 사실만으로도 의미가 있는 인간이 되기를 김광수는 소망했다.
　새로운 조류가 풍미한 18세기, 자기만의 세계를 치열하게 추구하는 벽癖을 가진 사람들이 등장해 세상을 놀라게 했다. 그런 사람들을 인정하고 대우하는 사회적 분위기가 전에 비해 성숙했던 때라 가능한 일이다. 덕분에 우리는 지금도 매료될 만한 독특한 자아自我를 지닌 인간을 많이 만날 수 있다. 김광수는 그런 인간형의 선구자로 우리에게 다가온다.

만권 장서가 이하곤

학문과 예술이 화려한 꽃을 피우려면 여러 가지 전제조건이 갖춰져야 한다. 빼어난 능력을 갖춘 인재, 그들의 자유로운 활동을 지원할 만한 역량이 있는 후원자, 풍부한 정보망의 구축 등이 그런 조건에 해당한다. 그 가운데서도 과거에 축적된 문화유산을 마음껏 접할 수 있는 정보망의 구축이 무엇보다 중요하며, 이는 새로운 창조를 모색하는 데 절대 빠뜨릴 수 없는 필수조건이다.

조선시대 정조 연간에 설립된 규장각奎章閣은 이러한 조건을 두루 갖춘 문화기관으로 손색이 없었지만 국가기관이라는 제약 때문에 많은 지식인들이 쉽게 접근하기가 어려웠다. 그래서 개인이 서적을 모아 지식을 얻고 싶은 욕구를 충족시키려고 애썼다. 그러한 결과 사설 도서관의 구실을 겸한 장서를 가진 장서가가 출현했는데, 그들 가운데 일부는 자신의 서재를 개방하기도 했다. 담헌澹軒 이하곤李夏坤(1677~1724) 같은 이는 초기의 장서가로 특히 유명하다.

이하곤은 사실풍寫實風의 여행기인 〈남행기南行記〉를 남긴 뛰어난 문인이었다. 그는 "눈썹 하나 머리털 하나까지 닮지 않은 것이 없어야 인물을 제대로 그렸다고 할 수 있다"는 사실적 화론을 펼친 회화 이론가이기도 하다. 조부와 부친이 좌의정과 이조판서를 지내 벼슬살이가 보장되었지만, 모든 것을 초개와 같이 버리고 충북 진천의 초평草坪에 있는 별서別墅에 완위각宛委閣이란 서재를 열었다. 일종의 사설 도서관인 셈이다. 이하곤은 책거간꾼만 보면 옷을 벗어서라도 책을 구입할 정도로 애서가였다. 그렇게 모은 서적이 만 권을 넘어, 완위각은 만권루萬卷樓라 불렸다.

먼 옛날 고려의 충선왕이 원元의 수도 북경에 머물 때 도서관 만권당萬卷堂을 만든 일로 유명하다. 당시 고려와 중국의 저명한 학자들이 이 만권당을 교유 장소로 애용하며 고려와 원의 문화교류에 큰 역할을 했다. 익재益齋 이제현李齊賢은 그 만권당의 주축이었는데, 담헌은 바로 익재의 후손이다. 만권루란 이름에는 선조인 익재의 옛일을 본받으려는 마음도 투영되었다.

진천의 완위각은 희귀도서를 구비했기 때문에 여러 벗들이 이곳을 찾아와 독서에 몰두하며 지식을 교류했다. 유명한 서예가인 윤순尹淳이 진천현감이 된 형 윤유尹游를 따라와서 진천에 머물게 되었을 때 사흘이 멀다 하고 이곳을 찾아와 담소를 즐기며 책을 읽었다. 윤순은 그 기쁨을 이렇게 술회했다.

내가 형을 좇아 찾아온 고을은 그대의 고향. 두타산 아래 마을은 골짜기가 넓게 펼쳐졌고, 산과 시내는 맑고도 맑고 넓었으며, 안개 낀 숲은 푸른 빛을 드리웠소. 그대는 거기에 누워 살았는데 정원도 있고 전답도 있었소. 그대는 가산을 쏟아 서적을 사서 수천 질이 서가에 꽂혀 있었소. 사흘을 넘기지 않고 나는 그대의 집을 찾아가서 책을 뽑아 번갈아 읽었고, 운자韻字를 골라 시를 주고받았지요. 얽매인 데 없이 지내느라 즐거움이 넘쳐흘렀소.

〈담헌을 애도한 제문祭澹軒李載大文〉, 《백하집白下集》

서질書帙이 가지런히 얹힌 서가 앞에서 학자들이 독서와 담론에 몰두하고 서화를 감상하던 모습이 자연스럽게 눈앞에 어른거린다. 최창대崔昌大나 심육沈錥 같은 저명한 학자들도 찾아와 독서하고 시문을 주고받았다. 그 소문을 듣고 당대의 명사 김창흡金昌翕이 방문하기도 했다. 이렇듯 훌륭한 서재가 마련되자 외진 진천에 학자와 예술가가 모여들었다.

당시 이하곤이 정성을 다해 모은 만권루의 장서는 양질의 도서로 유명했다. 특히 그가 소장한 책은 조선 책보다 중국에서 수입한 당판唐板 서책이 많아서 새로운 지식 섭취에 적지 않은 영향을 끼쳤다. 더욱이 그는 구입한 책마다 예술적 품격이 높은 장서인藏書印을 정교하게 찍어 보관했다. 책을 수집하기만 한 것이 아니라 제대로 간수하고 보관할 줄을 안 사람이었다.

자조 섞인 장서가의 자화상

책을 끔찍이 사랑하고 잘 보관한 장서가의 모습은 책을 읽은 소감을 읊은 〈책을 읽고서 감회가 생기다讀書有感〉와 서가의 책들을 점검하고서 쓴 〈책을 뒤적이다檢書〉에서 찾아볼 수 있다.

우리 집에는 무엇이 있나	吾廬何所有
서가에는 만 권 서책이 꽂혀 있네	揷架萬卷書
맹물마시며 경서를 읊조리노니	飮水諷六經
이 맛을 정말 어디에 견줄까	此味果何如

(〈책을 읽고서 감회가 생기다讀書有感〉)

가난한 집에 가진 거라곤 책 다섯 수레뿐	家貧只有五車書
그것을 제외하면 남길 물건이 전혀 없다	此外都無一物餘
살아서나 죽어서나 서책을 못 떠나니	生死不離黃卷裡
전생에는 틀림없이 좀벌레였나 보다	前身應是食仙魚

(〈책을 뒤적이다檢書〉)

서가를 가득 메운 책을 읽는 맛은 그 무엇과도 바꿀 수 없다고 했다. 독서벽이 심한 서치書痴의 본색을 드러낸 시다.

그러나 책을 읽다보면 그런 즐거운 기분만 드는 것이 아니다. 때로는 모습이 낯설게도 느껴진다. 다섯 수레의 책더미 속에서 살았고 죽어서 후손에게 남겨줄 거라곤 책밖에 없다. 자신의 모습을 돌아보니 영락없는 책벌레다. 이 시는 자조 섞인 장서가의 자화상이다.

하지만 온갖 정성이 밴 책은 그의 사후 하나 둘씩 흩어져 한 세기가 지나자 흔적조차 찾기 어려웠다. 구한말 영의정을 지낸 이유원李裕元은 이 만권루 장서가 흩어진 것을 안타까운 심정으로 증언했다.

> 초평草坪에는 만권루가 있는데 담헌 이하곤이 세운 집이다. 고금의 서적을 보관한 곳으로 의약·복서卜筮와 이름난 글씨 옛 그림에 이르기까지 수백 질이나 되어 그렇게 이름지었다. 그것은 익재 선생의 옛일을 따랐다. 백 년을 전해오던 책들은 지금은 모두 흩어져 남은 것이라곤 숙종 이전 명현名賢의 문집뿐이다.
>
> 《임하필기林下筆記》

지금도 곳곳에 만권루에 소장되었던 책들이 흩어진 채 전하고 있어, 그 옛날 한 장서가의 고심참담한 노력을 애달프게 보여준다. 그들 책에는 '만권루'라는 장서인이 300년 전 한 장서가의 책에 쏟은 사랑을 표현하고 있다.

현재가 무릎을 안고 골똘하게 쳐다보다가 갑자기 큰소리로 "기막히다!" 외치며 다급히 종이를 찾아서 심주의 화의를 빌려 〈와룡암소집도〉를 그렸다. 필법이 창연하고 질탕하여 나는 상고자와 더불어 감탄하며 감상했다. 조촐한 술자리를 마련하여 즐거움을 만끽하고는 자리를 파했다. 나는 그 그림을 가지고 집으로 돌아와 늘 감상하며 아꼈다.

*동제휴대용 먹통, 밀양시립박물관 소장

그림을 아는 선비, 제발을 남기다
의원 김광국, 고증학자 성해응

 품격과 위의를 갖춘 선비라면 그림과 글씨를 감상하고 이해할 수 있는 능력이 빠져서는 곤란하다. 그래서 격이 높은 사대부에게는 그림을 감상할 수 있는 안목을 겸비하는 것이 요구되었다.
 좋은 작품을 구하면 입수 경위, 예술가에 대한 견문 그리고 감상을 기록하는 것이 안목 있는 선비가 해야 할 일이었다. 서화 작품에 덧붙인 이러한 글을 제발題跋이라 한다. 제발은 그림에 대한 지식을 담는 차원을 넘어 예술적 품위를 한껏 발휘하는 문예 작품으로 승화한 경우가 많다. 현물이 사라진 옛 그림에 관한 일화 또는 그림의 배경을 이해하게 하는 사실이 적혀 있기도 하다. 그런 제발을 전문적으로 남긴 감상가나 문사들이 종종 있다. 자신이 화가이면서 많은 제발을 남긴 강세황이나 서화 소장가로서 자기가 소장한 그림에 제발을 적지 않게 남긴 김광국이 그런 부류에 속한다. 그들이 남긴 제발 가운데 전문적인 미술평도 흥미롭지만 일화를 담고 있는 글 몇 편은 그림을 잘 모르는 사람까지도 흡인하는 매력을 가지고 있다.

그림을 아는 사람의 의미

유한준俞漢雋이란 정조 때의 학자가 《석농화원石農畵苑》에 붙인 발문을 보면, 그림을 아는 사람, 그림을 사랑하는 사람, 그림을 보는 사람, 그림을 소장한 사람을 구별해 설명하면서 그림을 아는 사람의 의미를 힘주어 강조했다. 흥미로운 글이므로 인용해 보겠다.

그림을 아는 사람이 있고 그림을 사랑하는 사람이 있다. 또 그림을 보는 사람이 있고 그림을 소장한 사람이 있다. 그림을 소장하기나 한 사람은 그림을 보는 사람이라고 할 수 없다. 보기는 하되 어린아이마냥 벙글벙글 웃기나 하지 색칠 외에 다른 무엇이 있는 줄을 살피지 못하는 사람이기 때문이다. 그러므로 그림을 사랑하는 사람이라 말할 수 없다. 사랑하기는 하되 붓과 종이, 색채만을 중시하고 모양과 위치만을 따지는 사람은 그림을 안다고 할 수 없다. 그림을 아는 사람은 모양과 법도는 그만두고 먼저 숨겨진 이치와 어둠 속 창조의 정신 경계를 이해하는 사람이기 때문이다. 따라서 그림의 오묘함은 거죽과 찌꺼기나 보는 앞의 세 부류 사람에게서는 드러나지 않고, 그림을 아는 사람에게서나 드러난다. 그림을 알면 진정 사랑하게 되고 사랑하게 되면

심사정, 〈와룡암소집도臥龍庵小集圖〉, 간송미술관 소장
18세기 예단을 대표하는 화가와 서화수장가의 특별한 만남을 묘사한 그림. 그림에 붙인 김광국의
발문을 통해서 운치 넘치는 조선시대 예술가의 삶을 엿볼 수 있다.

진정 보게 되며, 보게 되면 소장하게 된다. 이런 사람은 그저 소장만
하는 사람과는 다르다.

(〈석농화원발石農畵苑跋〉,《자저自著》)

그림의 오묘한 세계는 겉으로 드러난 것보다 숨겨진 데 있으며, 그
비밀은 그림을 아는 사람에게서 드러난다고 했다. 그리하여 그림을
알게 되면 자연히 그림을 사랑하게 되고, 사랑하면 자주 보게 되고,
자주 보면 소장하게 된다고 하여 그림에 점차 심취해 가는 과정을 그
럴 듯하게 설명했다. 당시의 선비들이 그림에 얼마나 애정을 갖고 이
해했는지를 짐작할 만한 훌륭한 글이다.

석농石農 김광국金光國(1727~1797)은 내의원內醫院, 즉 왕실의 의료를 담
당한 의원이었다. 어려서부터 서화에 관심이 많았던 그는 이미 십대부
터 이인상, 유한지, 심사정 등 당대 최고의 서화가들과 친밀하게 교유
했고, 수집가로 유명한 김광수를 스승으로 섬겼다. 서화를 열심히 수집
했고, 그렇게 모은 그림에 많은 제발을 남겼다. 그림을 보는 그의 안목
은 매우 높았다. 앞서 인용한 유한준의 글 〈석농화원발〉은 바로 김광국
이 소장한 화첩에 붙인 발문이다. 그 발문에서 "그림의 아속과 높낮이,
기정奇正과 사활死活을 마치 희고 검은 색깔을 구별하듯이 구분했다"고
해 김광수야말로 그림을 깊이 아는 사람이라고 추켜세웠다. 그의 평대
로 현재도 전하는 이 화첩에는 흥미로운 제발이 눈에 띈다.

갑자년(1744) 여름 나는 와룡암臥龍庵으로 상고자尚古子를 방문하여 향을 피우고 차를 마시면서 서화를 논했다. 그러던 중 하늘에 먹구름이 끼더니 소나기가 억세게 쏟아지는데, 현재玄齋가 밖에서 헐레벌떡 뛰어 들어왔다. 옷은 온통 흠뻑 젖은 채라 서로를 쳐다보며 빙그레 웃었다. 잠시 뒤 비가 그쳤다. 뜰에 가득한 경관은 미불米芾의 수묵화와 흡사했다. 현재가 무릎을 안고 골똘하게 쳐다보다가 갑자기 큰소리로 "기막히다!" 외치며 다급히 종이를 찾아서 심주沈周의 화의畵意를 빌려 〈와룡암소집도〉를 그렸다. 필법이 창연蒼然하고 질탕하여 나는 상고자와 더불어 감탄하며 감상했다. 조촐한 술자리를 마련하여 즐거움을 만끽하고는 자리를 파했다. 나는 그 그림을 가지고 집으로 돌아와 늘 감상하며 아꼈다.

이 제발은 그림에 얽힌 일화를 썼다. 18세 젊은 김광국이 56세의 상고자尚古子 김광수를 찾아갔을 때 마침 심사정이 소나기를 흠뻑 맞고 들어와 비에 젖은 뜨락의 멋진 모습을 그렸다는 사연이다. 작품을 요모조모 분석·비평하기보다는 작품에 얽힌 일화를 적은 이 제발을 통해 18세기 저명한 화가와 수집가 사이에서 어느 날 일어난 운치 있는 사연을 얻어 듣는다. 한 시대의 예술을 대표하는 화가와 수집가, 감상가들의 생생하게 살아 있는 모습을 떠올리게 만든다.

운치 있는 사연들

김광국이 지은 제발을 하나 더 보자. 그는 저명한 서예가 원교圓嶠 이광사李匡師(1705~1777)의 그림을 소장했다. 이광사의 그림은 매우 희귀해 그의 제발을 그냥 지나치기 어렵다. 이광사가 그린 〈고승완회도高僧玩繪圖〉에 붙인 김광국의 제발은 이러하다.

원교圓嶠 이광사는 서법이 한 시대의 으뜸일 뿐만 아니라 그림에도 뛰어났다. 육법六法 내에서 구도를 짰으나 삼매三昧의 밖에서 묘사했다. 그러나 자긍심과 자중자애함이 상당하여 함부로 그림을 그리지 않았다. 작품을 구하는 이가 나서면 바로 비단을 땅에 내던지며 "버선을 만들 옷감이 어째서 내게 이르렀는가?"라고 했다. 이 화폭은 상고자를 위해 왕제한王齊翰의 그림을 임모臨摹했다. 승려의 얼굴과 선비의 옷을 갖가지로 묘하게 그렸다. 그림을 펼쳐 감상하면 고승과 도사를 대하는 느낌이다. 명성 아래 헛된 선비가 없다는 말을 나는 이 그림에서 경험한다.
원교는 영조 을해년(1755) 집안이 역모에 연좌되어 부령으로 유배되었다가 뒤에 신지도新智島로 옮겨 정유년(1777)에 죽으니 나이 73세다. 아들 영익令翊도 서화를 잘했다. 영익은 경자년(1780)에 관서땅 묘향산을 유람하다 평양에서 객사했다. 신축년(1781) 보름, 동해만사東海漫士 김광국이 쓴다.

이광사, 〈고승완회도〉, 간송미술관 소장
김광국은 그가 소장한 이광사의 〈고승완회도〉를 펼쳐 감상하면 고승과 도사를 대하는 느낌이라며, "명성 아래 헛된 선비가 없다는 말을 이 그림에서 경험했다"는 제발을 남겨 놓았다.

심사정의 그림에 붙인 제발 이후 37년이 지난 해에 쓰여졌다. 이 글도 그림에 얽힌 일화를 적었다. 불우한 서예가 이광사의 도도하고 깐깐한 성미를 실감나게 드러냈다. 그림을 그려달라고 가져온 비단을 땅에 내던지며 "버선을 만들 옷감이 어째서 내게 이르렀는가?"라고 내뱉는 괴팍한 성미가 손에 잡힐 듯 생생하게 묘사되었다.

앞서 본 그림처럼 〈고승완회도〉 역시 수집가 김광수와 인연이 깊은 그림으로, 그와 절친한 이광사가 특별히 그려준 것이다. 자긍심이 높아 여간해서는 남에게 그림을 주지 않는 이광사가 친구를 위해 붓을 들었다는 사실이 제발에 명기되어 있다.

그림 상단에 있는 "병인년 늦여름 왕제한의 그림을 베끼다丙寅夏季臨王齊翰畵"라는 화제와 낙관은 이광사가 1746년에 그렸음을 밝혀준다. 왕제한은 당말唐末 오대五代에 활동했고 도석인물화를 잘 그린 화가다. 그림은 고승이 회화를 감상하는 모습을 묘사했다. 이광사가 굳이 이 그림을 임모한 이유는 수집가이자 감상가인 김광수에게 헌정한 것이기 때문이다. 고승은 곧 김광수의 모습을 상징한다. 제발이 없다면 이 그림은 그저 스님이 그림을 감상하는 것으로만 보였을 것이다. 이처럼 제발은 그림의 비밀을 이해하는 데 결정적인 도움을 주기도 한다.

김광국처럼 그림에 전문적 안목을 지닌 사대부가 적지 않았다. 그들 가운데는 전문적으로 제발을 쓰고, 많은 양의 제발을 엮어 한두 권의 책으로 남긴 이들도 있었다. 전문적 안목을 가진 비평가라 할 만한

데, 이영유李英裕의 《운소집雲巢集》, 남공철南公轍의 《금릉집金陵集》, 성해응成海應의 《연경재전집研經齋全集》에는 많은 양의 제발이 수록되어 있다. 특히 성해응의 제발이 흥미롭다. 〈서화잡지書畵雜誌〉라는 독자적인 편명 아래 편집한 제발 수십 편을 읽어보면, 진품을 소장하게 된 내력이며 감상의 안목을 한눈에 알 수 있다. 그는 자신이 직접 접한 18, 19세기 서화가들의 숨은 일화를 간간이 밝혀놓기도 했다.

성해응은 19세기 고증학을 대표하는 학자다. 그러므로 서화에 관한 그의 증언과 안목은 믿을 만하다. 정선과 강세황의 그림에 얽힌 일화를 밝힌 제발이 좋은 예가 된다. 먼저 정선이 도연명을 그린 그림에 덧붙여진 글부터 본다.

인간미에서 배어나는 옛글의 멋

도연명의 고상한 취향은 후세 사람들이 흠모하는 바다. 그 때문에 아무리 심한 바보라도 도연명에 빗대면 그것이 아첨인 줄을 알면서도 한편으로는 흔쾌히 기뻐한다. 근래에 어떤 양근楊根 원님이 그 고을에 사는 화가를 맞아들여 그림을 그려달라고 청했다. 그 화가는 도연명의 〈귀거래도歸去來圖〉를 그려주었다. 그러자 원님은 자기가 벼슬을 버리고 돌아가기를 원해서 화가가 그런 그림을 그렸다고 생각하여 크게 화를 내고 화가를 심하게 매질했다. 그 화가는 도연명을 그려서 원님에게 아첨하려 한 것인데 도리어 비위를 거슬려 매질을 당했다. 아첨도 사람을 가려서 해야 할 일이로구나. 정말 가소로운 일이다.

겸재 정선이 그린 도연명 그림의 탈속적 아취를 평가하면서 성해응은 일화를 소개했다. 정선의 그림과 별로 관련이 없는 일화지만 고소를 금치 못하게 하는 재미가 있다. 〈귀거래도〉를 그려 원님에게 아첨하려던 고을 화가나 그 뜻도 모르고 매질을 한 원님이나 세상에 흔하디 흔한 속물들이다. 다음에는 표암 강세황이 그린 대작에 붙인 글이다.

표암 강세황의 그림은 빼어난 아취를 지녀 근래 배우는 화가들이 많다. 표암의 아들 강인姜儐 이 전염병을 만나 죽은 지 며칠이 지났다. 아들을 염습하려고 할 때 홀연 다시 소생했다. 표암은 100폭의 운산도雲山圖를 그려 그 기쁨을 표현하고, 아들에게 그림을 선물했다. 그 그림은 표암이 가진 재주를 몽땅 발휘한 작품이었다. 강인도 그림에 제발題跋을 써 가보家寶임을 표시했다. 이성원李性源은 본래 그림을 좋아하는 분이었는데 그 소문을 듣고 직접 찾아가 한 달을 넘게 졸라 결국 그 그림을 얻었다. 그림이 지금 그 집에 있다.

현재 이 그림이 전승되는지는 자세히 알 수 없다. 허나 대작임은 분명하다. 그림에 얽힌 기연奇緣과 소장하기까지의 정성을 진진하게 느낄 수 있다. 서법書法으로 유명한 나걸羅杰 형제의 글씨에 붙인 글도 흥미롭다.

형 해양海陽은 어려서 둔했기 때문에 부친이 엄하게 독려했다. 반면에 아우 월촌月村은 본래 명민하여 막힘이 없었기 때문에 굳이 가르칠 필요가 없었다. 장성해서는 형제가 모두 명성이 크게 났다.

형제는 우애가 지극했다. 월촌은 과천의 선영 아래에 살았고, 해양海陽은 동대문에 거처했다. 월천이 자주 형을 찾아왔는데 해양은 차마 헤어지지 못하고 함께 숭례문 밖에까지 이르렀다. 월천도 차마 헤어지지 못하고 다시 함께 동대문의 거처로 돌아왔다. 그러기를 몇 차례나 반복했다. 두 분은 세상일을 멀리하여 자진해서 명예와 예절 밖에서 마음껏 즐겼다. 그럼에도 이렇듯이 인륜을 사랑했다.

나걸은 사대부 사이에 고매한 인품의 소유자로 널리 알려졌으며, 글씨에도 일가견이 있어 《필경筆經》이라는 서예 이론서까지 저술했다. 그런 명사 형제의 이력을 소개하면서 가문이니 경력이니 인품이니 구구하게 설명을 늘어놓지 않았다. 오로지 우애 있는 일화를 한 가지 썼다. 나이든 형제들이 헤어지지 못하고 동대문과 남대문을 몇 차례나 오가는 모습은 읽는 이의 가슴을 뭉클하게 한다.

그림과 글씨를 보는 빼어난 안목을 드러내면서, 예술적 정취와 인간애가 담뿍 담긴 제발문은 그다지 많지 않다. 제발문이 짧고 경쾌한 필치의 예술적 문장으로 승화되기가 쉽지 않기 때문이다. 시적인 멋이 느껴지는 몇몇 문사의 제발문을 읽으면서 인간미에서 배어나는 옛글의 멋을 다시금 확인하게 된다.

벼루야! 벼루야!
네가 작은 것은 네가 부끄러워할 일이 아니야.
너는 한 치의 웅덩이에 불과해도
내 끝없는 생각을 펼쳐주지만
나는 여섯 자 큰 키에도
네 힘을 빌려 사업을 이루잖니!

*포도연(조선 후기)

우아하고 점잖은 사치
벼루와 시전지 이야기

보리밥 풋나물을 알맞추 먹은 후에
바위 끝 물가에 슬카지 노니노라
그 남은 여남은 일이야 부럴 줄이 있으랴

　윤선도의 시조 작품이다. 검소하고 소박하게 욕심 없이 살려는 것이 많은 선비들의 바람이었다. 따져보면 삶의 여건이 그렇기도 했다. 이처럼 의식주를 최대한 절제할 수밖에 없는 선비들이지만 마냥 거칠고 무미건조한 생활을 영위한 것만은 아니다. 선비의 사랑에 놓인 물건들에서 배어나는 절제된 아름다움은 단숨에 시선을 끌어당길 정도로 화려하고 미끈하지는 않지만, 우아하기 그지없다. 사치라도 우아하고 점잖은 사치이고 기꺼이 따라하고 싶은 호사다. 특히 문방구에서 그들은 호사스런 사치를 부렸고, 호사를 누리는 것에 그럴듯한 이유를 댈 줄 알았다.

우아한 사치를 옹호하다

그러니 문방구에서 부리는 선비의 호사는 사치 일반과 같은 차원에서 볼 일이 아니다. 그런 우아한 사치를 옹호한 글을 유만주의 일기 《흠영》에서도 엿볼 수 있다. 1780년 6월 15일에 쓴 그의 일기를 들춰보면 이런 내용이 있다.

저택에 사치를 부리면 귀신이 엿보고, 먹고 마시는 데 사치를 부리면 신체에 해를 끼치며, 그릇이나 의복에 사치를 부리면 고아한 품위를 망가뜨린다. 오로지 문방도구에 사치를 부리는 것만은 호사를 부리면 부릴수록 고아하다. 귀신도 너그러이 눈감아줄 일이요, 신체도 편안하고 깨끗하다.

주택, 음식, 의복과 같은 의식주 생활도구에 사치를 부리면 하나같이 폐단이 생긴다. 누군가 그것을 시기할지도 모르며 이런 과욕과 사치는 건강이나 품위에 문제를 일으키기 쉽다. 그러나 문방구에 사치를 부린다면 그 같은 폐단이 없다. 분명 최상품의 문방구를 사용하며 사치를 부렸을 유만주는 변명 삼아 그렇게 둘러댔다. 남들이 사치하면 안 되지만 나는 괜찮다는 논리를 폈다고 꼬집을 일은 아니다. 그의 자기합리화는 애교스럽게 봐줄 만하다.

나도 유만주의 생각에 전적으로 동감한다. 그 당시 많은 문인들의 생각도 그러했으리라. 그들이 호사를 부린 문방구에는 어떠한 것들이 있을까? 내 눈에는 먼저 벼루가 떠오른다.

유득공이 벼루를 아낀 사연

서유구의 《이운지怡雲志》에 있는 〈문방아제文房雅製〉는 시전지를 비롯해서 지紙, 필筆, 묵墨, 연硯 같은 온갖 문방구를 소개한 책이다. 최고급 문방구의 종류와 제작법을 일일이 설명하고 있어 조선시대 문사들의 호사스런 아취를 엿볼 수 있다. 중국이나 일본을 비롯한 외국에서 수입된 문방구에서부터 조선 곳곳에서 제작된 명품에 이르기까지 선비들의 구매욕이 한껏 표현되어 있어 조선시대 문방구에 관한 최상의 자료이다.

서유구는 특히 벼루에 많은 지면을 할애해 설명했다. 벼루 보는 법, 한국·일본·중국의 명품 벼루, 질그릇으로 만든 벼루에서부터 특이한 재질의 벼루까지, 벼루의 양식과 벼루 보관법, 마지막으로 벼루와 함께 쓰이는 연적, 연갑硯匣같은 소품을 친절하게 안내했다. 그 가운데 우리나라 명품 벼루를 설명한 글은 《동연보東硯譜》란 책에서 발췌해 실었다. 이 《동연보》는 유득공柳得恭의 저작으로 추정된다. 18

세기 문인들 사이에서 벼루에 대한 관심이 대단했고, 벼루광이던 유득공이 우리 벼루의 역사를 정리해 한 권의 책자로 꾸민 것이 이 책이다.

유득공이 벼루를 아낀 사연은 시에도 등장한다. 그는 통신사 일행이 일본을 방문했을 때 시모노세키에서 비싼 값을 주고 사온 적간관연赤間關硯을 이서구李書九의 사촌 동생이자 시인인 이정구李鼎九에게서 뺏고 대신 장시 하나를 지어준 일이 있다.

벼루를 보고 나는 갖고 싶은데
친구는 몹시 곤란하다는 낯빛을 보이네.
미불米芾은 옷소매에 벼루 숨겨 훔친 일 있고
소동파蘇東坡는 벼루에 침을 뱉어 가진 일 있지.
옛사람도 그리 했거늘 나야 말해 무엇하랴!
낚아채 달아나니 걸음도 우쭐우쭐.
이 벼루는 색깔이 붉어 그리도 얻기 어려운 겐가?
적간관赤間關이란 그 이름이 이상할 것 없구나.
〈적간관연가 증잠부赤間關硯歌 贈潛夫〉

이정구가 소장한 일본 벼루는 일본 최고의 명품으로 알려졌다. 서유구도 《임원경제지》에서 짙은 자주빛을 띠고 결이 가늘며 습기를 품어 먹을 대단히 잘 내는 벼루라고 칭찬했다. 유난히 좋은 벼루를 본

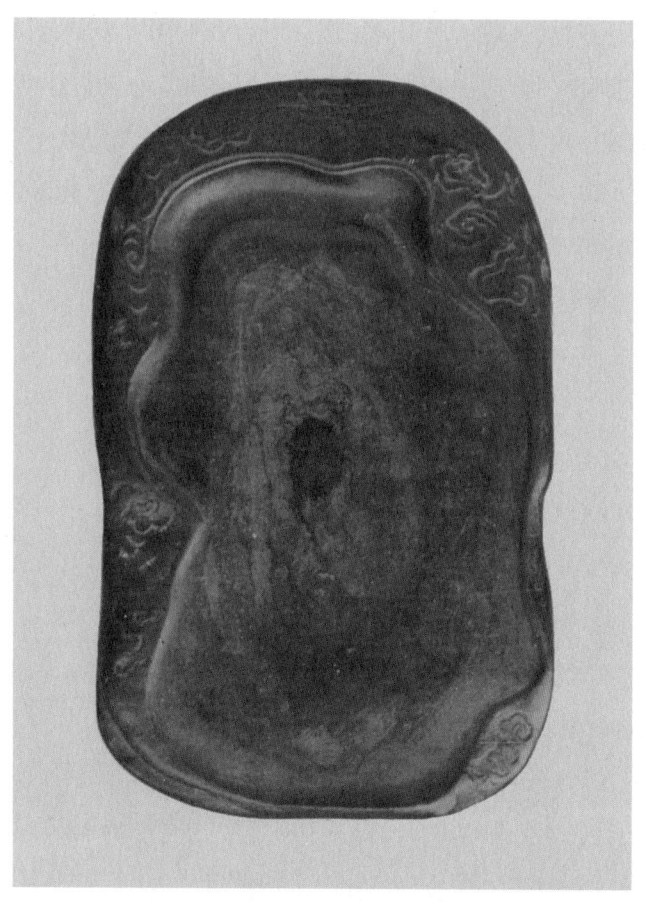

유득공이 사용했던 벼루, 20.5×12.7×1.5cm, 고 이병직 구장

두만강 돌로 제작한 이 운지연雲池硯 뒷면에는 유득공이 쓴 연명硯銘이 새겨져 있다. "이 두만강 돌은 쇳소리가 나고, 미끄럽기는 하나 먹을 거부하지 않는다. 동파東坡의 풍미연風味硯과 동일한 제품이 아닐까? 특이하구나. 고운古芸"

유득공은 욕심이 났지만 친구는 선뜻 건네주려 하지 않았다. 그는 유명한 옛서예가들인 송나라의 미불과 소동파가 좋은 벼루를 탐내 훔친 옛일을 떠올리고 얼른 낚아채 달아났다. 그리고 미안함과 고마운 마음을 표현한 시를 써주어 답례했다. 벼루를 향한 문사들의 탐욕을 익살스럽게 표현한 재치 있는 시다. 당시 선비들의 운치 있는 일화의 하나로 꼽을 만하다.

벼루야! 벼루야!

그렇듯이 벼루는 문인들에게 깊은 애정의 대상이었다. 문인의 일용품인 문방사우 중 종이에서 멋을 부린 게 시전지라면, 벼루도 그것 못지않게 우아한 사치의 대상이었다. 돌만 보면 벼루를 깎았다는 정철조鄭喆祚 같은 사람도 있다. 아름다운 벼루를 갖고픈 열망은 끝이 없었던 모양이다. 남아 있는 조선시대 벼루를 보면 조각 수준이 놀라운 것들이 적지 않다.

문인들은 벼루를 얻고서는 그에 대해 품는 애정을 명銘이란 문체의 글로 표현하기 좋아했다. 이른바 연명硯銘이다.

작은 벼루에게 小硯銘

벼루야! 벼루야!　　　　　　　　　　　硯乎 硯乎
네가 작은 것은 네가 부끄러워할 일이 아니야.　爾麽非爾之恥
너는 한 치의 웅덩이에 불과해도　　　　　爾雖一寸窪
내 끝없는 생각을 펼쳐주지만　　　　　　寫我無盡意
나는 여섯 자 큰 키에도　　　　　　　　吾雖六尺長
네 힘을 빌려 사업을 이루잖니!　　　　　事業借汝遂

벼루야!　　　　　　　　　　　　　　　硯乎
나는 너와 함께 가노니　　　　　　　　吾與汝同歸
삶도 너와 함께　　　　　　　　　　　生由是
죽음도 너와 함께　　　　　　　　　　死由是

벼루 硯銘

내 이름이 마멸되지 않음은　　　　　　我名之不磨
네가 마멸되기 때문이지　　　　　　　繇爾之磨也
석치자石癡子가 너를 통해　　　　　　此石痴子以
내가 영원하기를 소망한 이유가 이게 아닐까?　爾壽我之意耶

벼루硯銘

단단하다 자랑하지 마라!　　　　　　　　勿謂堅
갈고 갈면 뚫어지는 법　　　　　　　　　磨則穿
배움에 뜻을 두는 것이　　　　　　　　　志於學
어찌 그와 같지 않으랴!　　　　　　　　　奚不然

　첫 번째 작품은 고려 고종 때의 문인 이규보李奎報의 글이다. 작은 벼루가 그보다 체구가 큰 사람을 도와 문학에 종사하는 문인의 사업을 완성하게 해준다고 했다. 그리하여 삶도 죽음도 너와 함께 하겠다는 다짐을 했다. 이런 다짐처럼 죽을 때 벼루를 시신과 함께 순장하는 문인도 있었다. 그만큼 벼루는 문인의 삶에 필수적인 존재였다.
　이용휴李用休가 정철조에게서 얻은 벼루에 새긴 두 번째 연명도 문인과 벼루의 깊은 인연에 착안했다. 벼루에 먹을 갈아 닳으면 닳을수록 문인의 명성은 오래 남는다. 정철조가 선물한 벼루에는 벼루가 다 닳도록 글을 써 이름이 만고에 영원하기를 바라는 마음이 담겨 있다고 했다. 벼루와 그 벼루를 새겨준 친구에 대한 애정이 느껴진다.
　이용휴의 아들 이가환李家煥의 연명에는 공부에 임하는 선비의 비장한 각오가 서려 있다. 아무리 벼루가 단단해도 갈고 갈면 뚫어지고 낙숫물이 댓돌을 뚫듯이 학문도 깊이 파고들면 언젠가는 성취하게 된다는 것이다.

문인들은 벼루를 비롯한 문방구에서 호사를 누렸지만 그렇다고 그들이 고가품만을 선호한 것은 아니었다. 고가품은 고가품대로 저가품은 저가품대로 자신들의 삶을 의미 있게 만드는 사물로 여겼다. 이규보나 이가환이 쓴 글들은 문방구 하나에도 자기 삶의 완성을 추구하는 선비 정신이 빛난다.

김용준의 동반자, 두꺼비 연적

벼루를 비롯한 문방구를 보는 애정어린 시선은 현대의 예술가에게서도 살펴볼 수 있다. 저명한 화가이자 수필가인 김용준의 《근원수필》에는 우연스레 두꺼비 연적을 사 서재에 두고 바라보면서 쓴 수필이 수록되어 있다. 그 수필은 이렇게 끝을 맺는다.

내가 너를 왜 사랑하는 줄 아느냐.
그 못생긴 눈, 그 못생긴 코, 그리고 그 못생긴 입이며, 다리며, 몸뚱어리들을 보고 무슨 이유로 너를 사랑하는지 아느냐.
거기에는 오직 하나의 커다란 이유가 있다.
나는 고독한 사람이기 때문이다!
나의 고독함은 너 같은 성격이 아니고서는 위로해 줄 수 없기 때문이다.

두꺼비는 밤마다 내 문갑 위에서 혼자서 잔다.

나는 가끔 자다 말고 번쩍 불을 켜고, 나의 사랑하는 멍텅구리 같은 두
꺼비가 그 큰 눈을 희멀건히 뜨고서 우두커니 앉아 있는가를 살핀 뒤
에야 다시 눈을 붙이기 일쑤다.

벼루의 친구격인 연적, 더욱이 못생긴 두꺼비 연적에 대한 사랑의
감정을 소박하게 토로한 글이다. 김용준이 다른 문방구보다 못생긴
두꺼비 연적에 정을 담뿍 들인 이유는 어디에 있을까? 우리나라는 예
로부터 연적을 두꺼비 모양으로 만들었다. 서명응徐命膺은 《고사십이
집攷事十二集》에서 평안도 성천成川의 옥돌로 만든 연적은 반드시 두꺼
비 모양을 하고 있다고 증언했다. 늘 곁에 두고 사용하는 문방구에서
김용준은 사치스런 호사보다는 오히려 소박한 아름다움을 찾으려 했
다. 못생긴 두꺼비 연적이 고독한 그의 동반자로 적격이라는 이유에
서다. 그의 수필에서 면면히 흐르는 옛 선비의 미의식을 다시 엿보게
된다.

시보다 아름다운 시전지

옛 선비들이 흔히 사용하던 문방구 가운데는 이미 잊혀졌거나 사용
되지 않는 물건이 적지 않다. 그 가운데 되살리고 싶은 욕심이 솟는
것이 시전지다. 글자 그대로 시전지란 시를 쓰기 위한 작은 종이로서
꽃무늬를 많이 사용했기에 화전花箋, 금전錦箋이라고도 불렸다(전箋은

폭이 좁은 종이를 의미한다). 시를 쓰기 위한 원고지에 그치지 않고 편지를 주고받을 때도 시전지가 사용되었다. 시를 쓰고 편지를 주고받는 것은 옛 선비들의 일상생활에서 매우 중요했다. 사람들 사이의 고아高雅하고 운치 있는 행위였기에 문사들에게는 평범한 종이를 피해 멋들어진 종이를 사용하고픈 욕구가 생기지 않을 수 없었다. 홍색과 녹색, 황색의 3색 종이에 대나무와 학을 양각陽刻한 멋진 배경을 깔고 초서草書로 써내려간 간찰은 멋과 품위가 절로 느껴지는 운치 있는 옛 문사들이 사용한 문방구의 사치였다.

겸재 정선의 그림에 사천 이병연이 제화시를 써준 종이는 가장 아름다운 시전지다. '겸재의 그림에 사천의 시'라는 평을 들을 정도로 당대를 대표하는 화가와 시인이 그림과 시를 써서 만든《경교명승첩京郊名勝帖》은 호사스럽기 그지 없다. 바탕에 은은하게 깔린 그림과 이병연의 시와 낙관, 그리고 글씨는 배치나 색채에서 서로 조화를 이룬다.

이런 시전지는 갖가지 고운 염료를 가지고 물들인 종이인데 종류가 무척 다양했다. 물론 꽃에서 채취한 천연염료를 사용했고, 점차 예술적 취미가 가해져 시전지에는 갖가지 문양이나 글귀를 새겼다.

문양으로는 매화가 가장 애호되었고 국화나 대, 꽃병, 난초, 연꽃, 모란, 나리꽃 같은 화훼花卉를 비롯해 새와 짐승, 물고기와 인물, 잠언이나 멋진 시구 같은 소재가 등장했다. 선비들의 미의식을 그대로 반영하는 소재를 목판에 새겨 단색 또는 몇 가지 색으로 종이 위에

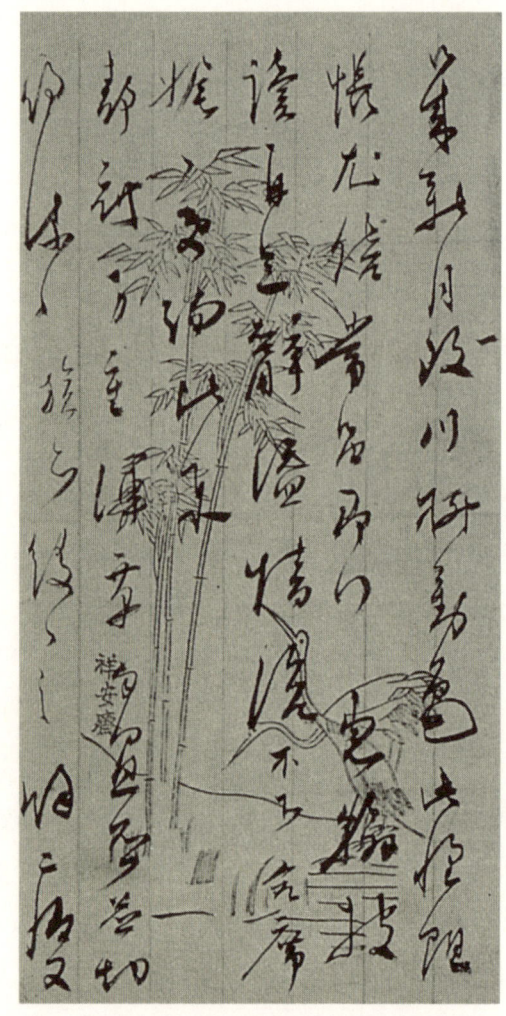

시전지를 이용한 조선 후기 간찰, 영남대박물관 소장

정선, 〈행호관어杏湖觀漁〉, 《경교명승첩》, 간송미술관 소장
왼쪽이 사천 이병연이 쓴 제화시다.

찍었다. 그런 목판을 시전지판詩箋紙板이라고 불렀고, 목판에 정교하게 새긴 것은 그 자체가 목판화 작품이라고 할 만큼 예술적 향기가 높았다.

시전지는 원래 중국 당나라 때부터 유행했다. 사공謝公이라는 사람이 십색전十色箋을 창안해 "문판文版 위에 종이를 놓고 문질러 꽃과 나무, 물고기, 새 등 천태만상의 모양이 은은하게 보이도록" 만들었다. 그 뒤 여류시인 설도薛濤가 짙은 분홍색의 폭 좁은 시전지를 만들어 백거이白居易를 비롯한 저명한 시인과 시를 주고받을 때 사용했다. 이것이 그 유명한 설도전薛濤箋으로 시전지 사용의 저변을 넓히는 데 크게 기여했다.

종이를 많이 사용하는 문사들은 자신의 예술적 취향에 따라 독특한 시전지를 개발했다. 명나라의 문인 도륭屠隆은 이슬을 머금은 패랭이꽃의 즙을 짜낸 후 종이를 물들여 규전葵箋이란 이름의 시전지를 만들고 그 제작법을 널리 소개했다. 조선의 문인들 역시 자신만의 독특한 시전지를 창안했다.

이덕무의 시전지, 탄호전

시전지를 만드는 방법은 비저費著의 《촉전보蜀箋譜》와 도륭의 《지묵필연전紙墨筆硯箋》, 서유구의 《임원경제지》에 자세하게 기록되어 있다. 중국에서는 명대明代에 이르러 더욱 화려한 시전지가 개발되었고, 그것이 조선에 수입되기도 했다. 그 종류도 많아서 오색전五色箋, 육홍전肉紅箋, 아황전鵝黃箋, 분청전粉靑箋, 천운전淺雲箋, 송화전松花箋 등 갖가지였다.

조선 초기에 사용된 시전지가 지금도 더러 남아 있어 조선에서도 오래 전부터 시전지가 사용되었음을 알 수 있다. 하지만 문인들 사이에서 널리 사용된 것은 아무래도 조선 후기에 와서다.

조선 후기에 들어서 자기 홀로 쓰는 시전지판을 여러 개 만들어 사용한 강세황이나 이하응 같은 예술가들이 나타났는데, 그 유품이 지금까지 남아 문인들의 호사 취미를 엿볼 수 있다. 그 가운데는 독특한 개성과 품위를 발휘한 예술적인 것들이 많다.

이덕무李德懋는 여러 종류의 원고지를 직접 만들어 사용한 문인이다. 특히 탄호전彈毫箋이란 이름의 시전지를 만든 다음 그 제작법을 자랑스럽게 소개하기도 했다. 〈한죽당섭필寒竹堂涉筆〉이란 글에 그 내용이 상세하게 소개되어 있다. 이 글은 서유구의 《임원경제지》의 《이운지怡雲志》 '문방아제文房雅製' 항목에 재수록되어 있다.

옛날에는 탄호전을 만드는 방법이 따로 없었고, 내 자신이 비로소 창안했다. 옛사람이 분필粉筆을 튕겨 눈雪을 그리는 방법에서 착안했다. 분지粉紙나 깨끗하고 단단하게 다지지 않은 다른 종이를 가져다가 잘라서 작은 종이로 만든다. 또 두터운 기름종이나 세속의 이른바 유둔油芚을 가져다 마음대로 난초나 대를 그린다. 난초는 줄기를 다 그리고, 대는 잎을 따서 음각, 양각으로 지면에 흩어 배치하되 제 위치를 잃지 않아 우아하도록 한다. 색채는 연지와 진주, 웅황과 꼭두서니를 사용하는데 녹색은 꼭두서니와 등황빛을 섞는다. 이것이 곧 세상에서 말하는 도황桃黃색이다. 몽당붓의 끄트머리를 잘라 물감을 살짝 묻힌다. 짙게 묻히는 것은 절대 금지. 왼손으로는 칼을 잡고 오른손으로는 붓을 잡아 기름종이에 대고 붓으로 칼등을 두드려 상하사방으로 적절하게 튕긴다. 그러면 잎사귀와 꽃, 줄기와 가지가 음으로 양으로 또렷하게 나타나 감상할 만하다. 혹은 종이를 잘라 구름을 만들어 한쪽 한쪽 순서대로 앞의 방법을 따라 물감을 튕긴다. 층층이 구름이 뭉게뭉게 피어오르는 형세가 나타난다.

탄호전을 제작하는 방법을 구체적으로 설명했다. 수공이 많이 들어가는 방법이다. 그만큼 정성이 깃든 특별한 종이이니 이러한 시전지에 시나 사연을 적어 보낼 때 그것을 받는 사람의 느낌은 틀림없이 남달랐을 것이다. 보통 판화로 찍어 만든 시전지와는 또 다른 느낌의 종이였다. 단순히 사치로 치부할 수 없는 멋과 정성이 깃든 이들 시전지는 조선 후기 선비들이 생활에서 새롭게 창출해 가는 멋스런 문화생활의 한면을 보여준다.

지금은 시전지의 전통은 거의 사라졌지만, 다행스럽게도 그에 대한 관심이 최근 들어 높아졌다. 10년 전 국립중앙박물관에서 조선시대 문방구를 전시할 때 50여 점의 시전지판을 내놓아 그 높은 예술성을 확인할 수 있었고, 최근에 영남대박물관에서 조선시대 목판전을 기획해 80여 점의 시전지판을 순회 전시한 일이 있다. 이러한 전통을 현대화해 일상 문방구로 활용한다면 전통적인 멋과 현대적인 아름다움을 함께 향유할 수 있을 것이다. 우리 옛 선비들의 고아한 품위와 예술적 아름다움이 오늘날 사람들에게 인정을 받았으면 좋겠다.

온갖 꽃이 피는 따사로운 봄
서평군 양평군 파초선 들고
능창군 낙창군 학경거 타고 왔네
흐드러진 연석에 관현악이 자지러지고
비단 차일 아래 유하주 넘쳤다
무희의 붉은 치마 휘감겨 돌아가고
가희의 금비녀 열을 지었네
높은 구름 갑자기 꼼짝도 않고
푸른 산 하늘에 우뚝 솟았는데
추월이 한 곡조 노래 부르니

*당비파

남몰래 예술가를 키운 명망가들
서평군 이요와 이정보

요즘 문화·예술 분야에 관심을 가진 사람들이 부쩍 늘어난 것 같다. 기업들은 앞다퉈 미술관을 열고 공연을 후원하는 역할을 기꺼이 떠맡으며, 정부에서는 문화대국이 되어야 세계에서 우뚝 설 수 있다며 적지 않은 예산을 할애해 각종 사업을 벌인다. 반가운 일이다.

중세 이래 서구에서는 예술가를 보호하고 지원하는 왕실과 귀족 후원자가 적지 않았다. 그들의 후원은 예술 발전에 크게 기여했다. 우리 역사에도 문예 지원은 여러 가지 모습으로 나타났다. 이름을 남긴 많은 예술가의 뒤에는 그들을 물심양면으로 도운 후원자가 있었다. 다만 그들의 행적이 감추어져 쉽게 드러나지 않을 뿐, 예술가들의 생애를 더듬다 보면 간혹 그늘에 숨은 후원자들의 모습이 얼핏 시야에 들어온다. 그런 뜻에서 18세기 추월秋月이라는 명창의 인생을 묘사한 시에 귀를 기울여보자.

그 시절 빼어난 소리꾼 있어
저급한 노래 부르기를 부끄러워했네
소리꾼으로부터 노래 배운 추월은
한 해 만에 저속함을 씻어냈네
자나 깨나 목청을 높여
부르고 읊조린 지 어언 3년
수풀 우거진 정릉 골짜기
너럭바위 멋진 연융대 계곡
달빛 휘황한 밤
온갖 꽃이 피는 따사로운 봄
서평군 양평군 파초선 들고
능창군 낙창군 학경거 타고 왔네
흐드러진 연석에 관현악이 자지러지고
비단 차일 아래 유하주 넘쳤네
무희의 붉은 치마 휘감겨 돌아가고
가희의 금비녀 열을 지었네
높은 구름 갑자기 꼼짝도 않고
푸른 산 하늘에 우뚝 솟았는데
추월이 한 곡조 노래 부르니

순임금 때 팔음八音이 조화된 음악인듯
먼 옛날 막수莫愁가 티끌을 날려보내듯
한아의 노래 그 여운 사흘 들보에 남듯
한평생 풍류장에서
호사를 누릴 줄 알았네

(홍신유洪愼猷, 〈추월가秋月歌〉, 《백화자白華子》)

추월이란 공주 기생이 서울에 올라와 명창으로 발돋음하는 과정을 묘사한 장편시의 일부다. 춤추고 노래하는 기생들과 악공들이 경관이 수려한 교외로 나가 한바탕 음악을 연주하고 춤을 추는 장면이 곁들여진다. 당시 풍류가 어땠는지를 이해하기에 그만인 시다.

이 호사스런 자리에 참석한 귀인貴人이 많았다. "서평군 양평군 파초선 들고, 능창군 낙창군 학경거 타고 왔네"라고 해 그들이 누군지도 밝혀놓았다. 네 명의 군君은 모두 종실의 유력한 인사들이다. 그 가운데 맨 처음에 언급된 서평군. 그이야말로 당시로서는 둘째 가라면 서러워할 예술가의 패트런이었다.

문예를 지원한 서평군 이요

영조 때 이요李橈(1684~?)라는 사람이 있었다. 그는 이요라는 이름보다는 서평군西平君으로 더 알려졌다. 왕실의 가까운 피붙이, 즉 종실이라서 그랬다. 그는 선조의 현손玄孫이자, 인성군仁城君 이공李珙의 증손이었다. 영조의 신임이 유달리 두터워 여러 차례 청나라 사행길에 정사正使로 다녀왔고, 특유의 달변과 학식으로 정치적 현안을 해결하는 데도 수완을 발휘했다. 정계의 막후 실력자라 일컬을 만한 인물이다.

조선시대에는 서평군과 같이 문예를 후원한 종실宗室이 많았다. 종실 사람은 원칙적으로 정치 참여가 허용되지 않는 대신 경제적으로는 매우 넉넉한 생활을 했다. 그래서겠지만 예술 작품을 수집, 감상하고 악사나 화가를 지원하며, 바둑과 같은 유흥 문화에 탐닉하는 이들이 많았다. 본디 재력과 시간적 여유가 있어야 예술가 후원에 나설 수 있다. 그때나 지금이나 다르지 않은 세상 원리다.

당시에는 재력과 지위를 확보한 명망가는 휘하에 탁월한 예술가와 기능인을 거느리는 것을 명예로 아는 풍조가 있었다. 신분이 낮은 예술가와 기능인들은 그러한 명망가들을 찾아 모여들었다. 물고기는 물이 있어야 사는 법이라고나 할까.

후원자를 넘어선 전문가

서평군 본인도 뛰어난 예술가였다. 영조 앞에 불려 나가 연주를 할 정도로 거문고 타는 솜씨가 빼어났다. 글씨에도 능해 촉체蜀體(원나라 때의 서예가인 조맹부의 서법. 조맹부의 서법은 소동파에게서 왔으며,

公本海州以 至行純德英謨毅烈主上殿下 私親曾祖
考妣 即祚二十年甲子春正月二十日 特命 贈職墓
在楊州神穴面佛光里午向原有一男即贇成公也其子孫
詳載 贈贇成墓表興 贈領議政墓表故只記其槩焉
顯祿大夫西平君兼五衛都摠府都摠管臣橈奉 教書
歲 皇朝崇禎紀元後百十七年甲子四月二十四日立

영조의 생모 숙빈 최씨의 친정집에 세운 비문으로 서평군이 직접 썼다는 사실을 밝혔다. 서평군은 왕실의 각종 비문에 자주 글씨를 써서 현재까지 전해지는 유물이 매우 많다.

소동파가 촉땅 사람이므로 촉체라 부름)를 잘 쓰기로 명성을 떨치기도 했다. 이런 그인지라 휘하에 각양의 예술가들이 모였고 그 또한 이를 무척 즐겼다.

후원자로서 서평군의 이름과 행적을 확인할 수 있는 글은 여기저기 흩어져 있다. 비록 단편적인 기록이지만, 이옥李鈺이 쓴 〈가객歌客 송실솔宋蟋蟀의 전기〉가 눈길을 끈다. 이 전기는 영조 때의 유명한 가객으로 귀뚜라미라는 별명이 붙었던 송실솔의 인생역정과 전설적 기예를 묘사하고 있다. 최고급 악사들의 후원자로서 서평군의 모습이 멋들어지게 그려져 있기도 한데, 서평군이 이미 입신의 경지에 도달한 송실솔을 초청하여 노니는 모습이 눈에 띈다.

> 서평군은 재산이 많고, 기상이 호방하며, 천성이 음악을 좋아했다. 송실솔의 노래를 듣고 기뻐한 그는 날마다 실솔을 청해 놀았다. 실솔이 노래하면 그는 반드시 직접 거문고로 반주했다. 서평군의 거문고 솜씨도 뛰어나 일세에 이름이 높았으므로, 송실솔은 지음知音을 만난 듯 매우 기뻐했다.

거부에다 호방한 기상의 소유자요, 천성적으로 음악을 좋아했던 서평군이 송실솔의 명성을 듣고 날마다 그의 노래를 청해 들었다. 게다가 거문고 반주를 직접 했다. 단순한 후원자라기보다는 전문 음악가라고 불릴 만했다.

악사들의 후원자로서 서평군의 진면목은 송실솔과의 관계에 그치지 않았다. 이세춘, 조욱자, 지봉서, 박세첨 같은 당대의 가객들이 모두 서평군의 보호 아래 활약했다. 그가 휘하에 여러 악사들을 거느리고 뒤를 봐준 정황을 전기에서는 다음과 같이 묘사하고 있다.

서평군은 자기 집에 악기를 다루는 종 10여 인을 두었고, 희첩姬妾들도 모두 노래와 춤에 능했다. 서평군은 악기를 다루며 환락을 마음껏 누리다가 세상을 마쳤다. 그뒤 송실솔의 무리도 몰락해 늙어 죽었고, 박세첨만이 아내 매월과 함께 지금까지 북악산 아래 살고 있다. 가끔 술에 취해 노래를 부르고 나서는 사람들에게 서평군과 놀던 일을 말하며 늘 한숨을 내쉬었다.

악기를 다룰 줄 아는 종을 10여 인이나 데리고 있고, 그의 희첩들까지 노래와 춤에 능했다니 그야말로 음악 애호가라고 평해도 좋을 듯하다. 그러니 당대의 이름난 악사들이 모두 그의 휘하로 몰려들만도 했다. 살롱에 음악가들이 모여든 유럽의 귀족 사회에 비견할 만하다. 서평군의 저택은 음악가와 무용가들이 모여 음악을 연주하고, 예술을 논하는 살롱이었다. 그런 그가 세상을 떠나자 그를 따르던 음악가들이 옛 일을 추억하며 아쉬워한 것은 당연한 이치다.

서평군의 관심은 음악에만 그치지 않았다. 화가들도 그의 집 대문을 드나들며 후대를 받았다. 어느 날은 유명한 화가 최북崔北과 내기 바둑을 두었다. 그런데 세가 불리하게 되자 서평군은 한 수 무르자고 청했다가 최북에게 면박을 당했다. 남공철南公轍이 지은 〈최칠칠崔七七의 전기〉에 나오는 일화다. 서평군은 함께 바둑을 둘 만큼 최북을 아꼈던 게 분명하다.

또 자명종을 처음 본떠 만든 최천약崔天若이란 유명한 조각가를 영조에게 소개한 이도 서평군이다. 《병세재언록幷世才彦錄》에 그에 관한 최천약의 회고담이 보인다.

시골에 살다가 큰 흉년을 만나 오갈 데가 없게 되자 서울로 올라왔지. 어떤 약국에서 놀고 지내다 좀먹어 버려진 천궁에 패도로 조각을 했네. 기기묘묘한 모양을 마음대로 조각하는 나를 보고 약국 사람이 혀를 내두르며 이렇게 말했더군.
"자네 여기 좀 앉아 있게. 내 서평군 대감께 알리겠네."
약국 사람이 자리를 뜬 지 얼마 뒤 서평군께서 불러 가뵈니 부채에 천궁 두 개를 달아놓고 부치면서 말씀하시더군.
"내 중국의 조각품을 숱하게 보았지만, 천연 그대로 새긴 것은 네게서 처음 보았다."
바로 호박琥珀을 꺼내어 사자를 새기라며 사자 그림 화본을 보여주셨네. 나는 칼을 놀려 하나하나 똑같이 새겼네. 서평군이 무릎을 치며,
"자네는 공수반公輸般(중국 춘추시대의 노나라 사람으로 빼어난 기술자였음)일세!"

라고 하시면서 나를 댁에 머물게 하시고 등燈을 만들라 하셨네. 마침 4월 초파일 현등절懸燈節이 가까웠지. 전에 있던 등을 보고 본떠서 만들었더니 솜씨가 절묘했지. 서평군께서는 가장 잘 된 것을 골라 대궐로 들여보냈지. 등을 다 만들자 상으로 50냥을 주면서 고향집에 내려갔다가 곧바로 서울로 돌아오라고 하셨다네.

내 그 분부대로 이내 올라 왔네. 내가 돌아오기를 기다리던 서평군과 더불어 대궐에 나가자 차비문에 대령했네. 영조가 편전便殿으로 들어오라 하여 자명종을 꺼내시는데, 바늘이 하나 떨어졌더군.

"서울의 장인들이 아무도 손을 쓰지 못한 것인데, 네가 이것을 고칠 수 있겠느냐?"

나는 한 번 보자 방안이 떠올라 바로 은을 다듬어 바늘을 만들어 꽂으니 부절符節을 맞춘 듯 들어맞았네. 영조께서 찬찬히 보시고서

"천하의 뛰어나게 교묘한 솜씨로다"

라고 하시고는 다시 하교하셨네.

"너는 이 종을 본떠서 만들 수 있겠느냐?"

나는 자명종의 생김새를 두루 살펴보고 생각이 떠올라서 즉시 엎드려 아뢰었네.

"평생 처음 당해보는 일이지만 구조를 훤히 알겠습니다."

이름 없는 조각가, 천한 기술자인 최천약이 세상에 이름을 날리게 된 배후에는 서평군이 있었다. 약국 사람이 그의 재주에 놀라 그를

후원해 주리라 믿고 찾아간 사람이 다름아닌 서평군이었다. 서평군이 예능인을 후히 대우한다는 것을 알 만한 사람은 누구나 익히 알고 있었다는 이야기다.

그처럼 서평군은 넉넉한 재산, 타고난 예술가적 천분을 바탕으로 많은 재사들이 활동할 수 있는 공간을 마련해 주었다. 물론 그 바탕에는 예술에 대한 진정한 사랑이 깔려 있었을 것이다.

전설로 남은 예술가의 인생

예술 애호가로서 서평군의 명성은 드높았으나 그의 행적을 조리 있게 정리한 글이 거의 없어 수백 년 전 예술 애호가의 멋진 인생을 자세히 알 길이 없다. 아쉽기 짝이 없다. 단편적으로 전하는 사연으로 정황을 이해하는 정도다. 그런데 《계서고溪墅稿》에 〈서평군 이야기書西平君事〉란 글 하나가 눈에 띈다. 본래 가난뱅이였던 그가 어떻게 해서 큰 부자가 되었고, 나중에 그 집안이 어떻게 몰락했는지 그 내막을 기록한 글이다. 그 내막이 무척 흥미롭지만 글이 길어 대강의 내용을 정리하면 이렇다.

숙종 때의 일이다. 서평군은 어려서 고아가 되어 남에게 구걸하며 거지처럼 살았다. 너무 힘들어 자살하려고 남산에 올라가 허리띠로 목을 맸으나 띠가 풀어져 죽지 못했다. 물이 분 동작 나루터에 가서 투신했으나 그마저 모래밭으로 떠밀려가 죽지 못했다. 할 수 없이 폐가가 된 한양의 큰 기와집에 가서 잠을 청했다. 그날 밤 꿈에 귀신이 나타나 하소연을 했다. 고려의 대신인 자기 무덤에 이 집이 세워져 아궁이가 봉분 위에 만들어졌고, 그 때문에 영혼이 편히 잘 수 없으니 영남을 떠도는 자기 후손들에게 이 무덤의 존재를 알려주라는 것이었다. 끝으로, 마루 밑 깊숙이 백은白銀 10여 독을 숨겨놓았으니 자손들이 그것을 이용해 생업을 꾸리게 해달라며 자신의 부탁을 들어준다면 서평군에게도 길이 큰 복을 누리도록 해주마고 약속하였다.

귀신의 말을 듣고 난 서평군은 마루 밑을 뒤져 엄청난 은을 얻었다. 하지만 약속과는 달리 재물을 독차지하여 큰 부자가 되었다. 나중에 귀신이 나타나 서평군을 책망하였으나, 서평군은 "이것은 하늘이 내게 준 것이다. 귀신은 단지 알려주기만 한 것이다"라고 되레 욕을 퍼부었다. 귀신은 탄식하며 "그대는 부귀를 누리다 죽겠으나 후손은 번창하지 못할 것"이라며 저주를 퍼붓고 사라졌다. 과연 서평군은 수많은 재물을 모았으나, 그가 죽은 뒤 자식들도 연달아 죽고 집마저 남의 손에 넘어가는 처지가 되었다.

서평군이 갑자기 큰 재산을 모았으나 사후 집안이 몰락했다는 사실을 알게 된 세상 사람들이 흥미롭게 각색한 이야기로 보인다. 이 설화의 사실 여부를 떠나 서평군은 결코 녹록한 사람이 아니었고, 그가 부를 마련한 계기가 석연치 못한 구석이 있었음을 짐작할 수 있다. 어쨌거나 그는 예술가를 후원하는 것으로 부를 나누었으니, 그 공로는 인정해 주어야 한다.

악공을 후원한 시조 작가 이정보

서평군 같은 후원자는 부유한 사대부들 가운데서도 배출되었다. 영조 때 인물인 이정보李鼎輔(1693~1766) 역시 그런 후원자로 유명하다. 그는 대제학과 이조판서를 지낸 사대부였지만 악공樂工을 적극 후원한 인물로도 알려졌다.

서평군과 마찬가지로 이정보도 음악에 조예가 깊었다. 그는 역사상 많은 시조를 남긴 사람 중의 하나인데 그의 시조 작품 100여 수는 지금까지 남아 전해지고 있다. 그가 음악을 감상하고서 쓴 시조도 있다.

가인佳人이 낙매곡落梅曲을 월하月下에 비껴 부니
양진樑塵이 날리는 듯 남은 매화梅花 다 지거다
내게도 천금준마千金駿馬 있으니 바꾸어볼까 하노라

달빛 아래 아름다운 여인이 낙매곡을 연주하자 들보의 먼지가 날리듯이 매화가 절로 떨어진다는 내용이다. 아마 가인은 이정보가 배출한 음악인으로 이정보의 사랑방에 모여든 많은 기생들 가운데 한 사람일 터다.

그에게서 지도받은 기생 계섬은 이름이 전해지는 몇 안 되는 인물 중 하나다. 노래를 잘하기로 한 시대의 으뜸이었던 기생 계섬의 일화를 심노숭沈魯崇은 〈계섬전〉이란 전기로 묶었다. 이 전기에는 계섬의 스승이자 후원자였던 이정보에 대한 서술이 인상적으로 묘사되어 있다.

대제학 이정보는 늙어 관직을 그만둔 뒤로 음악하는 무리들과 즐기며 지냈다. 공은 음악에 매우 조예가 깊어 노래를 잘하는 남녀 명창들이 그의 집을 많이 드나들었다. 공은 계섬을 가장 사랑하여 늘 곁에 두었는데, 그 재능을 기특하게 여겨 그런 것일 뿐 사사로이 사랑한 것은 아니었다. 악보에 따라 교습하여 몇 년 동안 과정을 마치자 계섬의 노래 솜씨가 더욱 진보하였다. 노래할 때 마음은 입을 잊고, 입은 소리를 잊어 끊어질 듯 이어지는 소리가 대들보에 넘실거렸다. 그로부터 계섬의 명성이 온 나라에 떠들썩해져 서울에 차출되어 노래를 배우는 지방 기생들은 누구나 계섬을 찾아왔다. 시를 지어 그런 계섬을 예찬하는 사대부들도 많았다. 계섬이 이 공의 집에 머물 때, 원의손元義孫 참판이 매번 이 공께 문안드리러 와서 계섬을 자기에게 보내달라 하였다. 이 공이 여러 번 말하였지만 계섬은 따르지 않았다. 이 공이 죽자 계섬은 마치 부친상을 당한 것처럼 곡을 하였다.

가객 계섬과의 인연

계섬은 당시 최고의 가객으로 명성이 높았는데 이정보 대감이 직접 지도한 결과였다. 그러고 보면 이정보란 양반은 보통의 후원자가 아닌 음악 교육자로 봐야 하지 않을까. 이런 인물이고 보니 그의 문하에 숱한 남녀 명창들이 모여들었다. 이정보는 그 가운데서도 계섬을 유난히 사랑했다. 그러나 오로지 그 음악만을 아꼈을 뿐 사사로운 감정을 섞지 않았다고 하니 인품도 훌륭하다. 당시 권력자 중에 한 사람이던 원의손은 계섬을 데려가고 싶어 공을 많이 들였다. 그럼에도 계섬은 이정보를 떠나려 하지 않았다. 이것은 후원자에 대한 존경심에서 우러나온 처신임이 틀림없다.

이정보가 세상을 뜨자 계섬은 부친상을 치르듯이 했다는데 그에 관한 사연 역시 당시에는 널리 퍼졌다. 스승이자 후원자인 그를 당시 예인들이 얼마나 존경했는지 미루어 짐작할 수 있다. 《추재기이》에 그러한 내용이 실려 있다.

한섬은 전주의 기생인데 황교黃橋 이판서李判書가 그를 집으로 데려다가 가무를 가르쳐 온 나라에 명성이 자자했다. 한섬이 나이가 들어 제 집으로 돌아간 지 한 해 남짓 지나 판서가 세상을 떴다. 한섬이 즉시 말을 달려 판서의 묘에 이르러 한 번 곡을 하고 술 한 잔 따르고 술 한 잔 마시고 노래 한 곡을 불렀다. 다시 두 번째 곡을 하고 두 번째 잔을 따르고 두 번째 잔을 마시고 두 번째 노래를 불렀다. 이렇듯이 돌려서하기를 하루 온종일 한 뒤 자리를 떴다.

이 글에서 한섬寒蟾이란 이름으로 나온 기생이 계섬이며, 이판서는 바로 이조판서를 지낸 이정보이다. 계섬은 당대를 울린 음악인답게 독특한 방법으로 이판서를 추모했다. 《추재기이》에서는 아주 간명하게 사연을 서술했지만 이런 계섬을 해괴하게 여긴 이정보의 자제들이 그녀를 몰아냈다는 사연을 전하는 다른 기록도 있다. 그만큼 이정보와 계섬 사이에 얽힌 이야기가 사람들의 흥밋거리였다.

서평군이나 이정보의 행적을 보면, 후원자와 예술가들 사이에는 제삼자가 알 수 없는 끈끈하고 인간적인 유대감이 흐른다. 후원자는 경제적 지원에 그치지 않고 예술가가 자신의 역량을 한껏 발휘하도록 교육하고 신뢰하였다. 예술가는 그런 후원자를 인간적으로 존경하는 장면을 연출하였다. 지금은 그들 패트런의 진상이 역사에 묻혀버렸다. 그러나 예술을 사랑하고 예술가를 후원한 진정성은 시대를 넘어 훈훈한 감동을 선사한다.

낭떠러지와 정상을 뒤져 오르고 구름과 달을 뒤쫓아 가노라면, 절로 마음에 맞을 뿐만 아니라 내게 슬픔과 괴로움이 있다는 것을 잊게 되오. 내게는 산천이 진실로 좋은 벗이자, 훌륭한 의원이오.

*괴나리봇짐, 대전향토사료관 소장

산을 유람하는 것은 독서하는 것과 같다
산수의 멋을 즐긴 선비들

　번잡한 일상을 떠나 잠시나마 휴식을 취하기 위해 사람들은 여행을 계획한다. 여행은 낯선 공간과 사람을 만나는 새로운 경험이다. 날이 갈수록 주 5일 근무제, 웰빙 열풍이라 해서 '레저 생활'에 대한 관심이 높아진다. 사철 어느 때고 여행을 준비하는 사람들이 많다.
　삼복더위가 한창인 한여름이 여행의 제철이다. 사람들은 도시의 더위를 피해 일상으로부터 탈출을 계획한다. 하지만 옛날에는 달랐다. 여름의 더위를 고통스럽게 여기며 가능하면 움직이지 않는 것이 상책이라고 생각했다. 여름을 얼마나 힘겹게 생각했는지를 보여주는 글이 있다.

　봄 가을 겨울의 세 계절만 있고 여름이 없다면, 죽는 사람이 필시 드물어져 의사나 종교인들이 굶주림으로 시달릴 것이다.

산을 유람한다는 것

청나라 초엽의 극작가 이어李漁가 장난기 섞어 한 말이다. 여름에 대해 가혹하게 내린 평이지만 무더위를 탓하는 마음만은 수긍이 간다. 그런 이어라서 그랬던가. 세상사와 인연을 끊고 무사無事로 보내는 것이 최상의 피서라 했다.

한여름 시원한 창가에 누워서 〈산수기山水記〉를 읽는 것, 이름하여 '와유산수臥遊山水(누워서 산수를 여행한다)'면 피서로는 그만이다. 실제 여행은 봄과 가을에 하고 여름에는 산수기를 읽으며 상상의 여행을 즐기는 것이 전통이라면 전통이다.

현재 시중에 나와 있는 대부분의 여행 안내서는 기껏해야 명승지의 볼거리와 문화재, 음식점을 소개하는 데 그치고 있다. 반면에 옛 선비들의 산수기는 여행지 안내 이상의 의미와 재미를 제공했다. 산수에 대한 자세한 정보와 안내뿐만 아니라 여행자의 독특한 체험, 인생, 철학, 예술을 담은 멋진 작품이었다. 그렇기에 산수기에는 여행자의 깊고 진지한 사색이 배어 있다.

조선시대에는 산수 체험에 형언할 수 없을 만큼 큰 열정을 가진 이가 적지 않았다. 그들은 유명한 산은 말할 나위 없고 가까운 곳의 알려지지 않은 산수에서도 발견의 기쁨을 누리려 했다. 산수의 외형적 아름다움도 찾았지만 그 이상의 의미를 부여하는 게 다반사였다. 유명한 성리학자 어유봉魚有鳳(1672~1744, 경종의 장인 어유구魚有龜의 형)은 〈동유기東遊記〉에서 이렇게 말했다.

산을 유람하는 것은 독서하는 것과 같다. 보지 못한 것을 보는 것도 좋지만 실은 충분히 익히고 또 익히는 데 핵심이 있다. 굽이굽이 환하게 파악하고, 그 자태를 또렷하게 간직하고, 그 정신과 통해야만 비로소 터득하는 것이 있다. 서둘러 대충 섭렵하고서야 무슨 수로 오묘한 경지를 얻을 수 있으랴?

독서와 마찬가지로 산을 설렁설렁 보아서는 산의 오묘한 깊이를 이해하지 못한다는 것이다. 그 시대에는 독서에서도 섭렵이 아니라 숙독을 강조했고 산을 보는 데도 역시 깊숙한 수련을 요구했다. 또 비슷한 시기의 장서가 이하곤李夏坤은 이렇게 말했다.

산을 유람하는 것은 술을 마시는 것과 같다. 그 깊이는 각자의 국량에 따라 정해지는데, 그 아취雅趣를 이해하지 못한다면 얻는 것은 고작 산의 겉모양에 지나지 않는다.
산수를 보는 것은 미인을 바라보는 것과 같다. 경험이 많은 자라 해도 이름만 듣고 얼굴을 실제로 보지 못했다면 약한 마음에 이끌리게 마련이다.

산수의 유람을 술을 마시는 것이나 미인을 보는 것으로 비유해 설명했다. 아주 그럴 법하다. 또 유명한 화가이며 시인인 이인상李麟祥은 산수의 품격品格을 알려면 신령한 정신과 지혜의 눈을 갖추어야 한다고 말한 바 있다.

산수에 노니는 것을 독서, 음주, 미인을 보는 것에 비유하고, 산수를 알기 위해 지혜까지 갖추어야 한다는 말에서 현대인의 경박함과는 다른 자세가 엿보인다. 지나치게 즉흥적이지도 않고 지나치게 진지하지도 않은 이러한 자세는 산수에 대한 따뜻한 애정, 산수 탐방에 대한 천박하지 않은 취미를 드러낸다. 산수의 품격을 논하고 산수를 감상할 줄 아는 소양과 안목을 기르려 한 선인들의 자세는 감동적이다. 지식으로 산수를 아는 것이 아니라 체험으로 느꼈기에 할 수 있는 말이 아닐까?

한국 산수의 멋을 가장 잘 아는 선비로 칭송받은 김창흡金昌翕이 어느 친구에게 보낸 편지 역시 인상적이다.

낭떠러지와 정상을 뒤져 오르고 구름과 달을 뒤쫓아 가노라면, 절로 마음에 맞을 뿐만 아니라 내게 슬픔과 괴로움이 있다는 것을 잊게 되오. 내게는 산천이 진실로 좋은 벗이자, 훌륭한 의원이오.

산수를 좋은 벗이자, 훌륭한 의원이라고 한 말이 가슴에 와 닿는다. 선인들의 산수기를 읽다 보면 산수의 품격을 즐길 줄 아는 여행이 무엇인지 곱씹게 된다. 산수기에는 산수에 포용되기를 갈망하는 선인의 심경이 잘 드러난다. 산수기는 단순한 여행기 같으면서도 실은 선비 자신의 마음을 그려낸 내면의 고백이다.

와유산수라 했으니 선인들이 노닌 산수 가운데서도 국토 분단으로 인해 자유롭게 가볼 수 없는 곳을 상상의 힘을 빌려 가보고 싶다. 북녘의 백두산과 묘향산을 유람하고 쓴 산수기를 통해서나마 그곳을 오르는 정취를 엿본다.

도도한 백두산에 취하다

명산 탐방은 일종의 구도 행위였다. 시나 산문은 그러한 생각을 고스란히 반영하고 있다. 실례로 조선시대 명산 탐방의 정점에 있던 금강산의 경우 금강산 문학이라고 할 만큼 각양각색의 수많은 문학작품을 탄생시켰다. 금강산만큼은 아니지만 이른바 명산이라 불리는 곳은 어디든지 흠모와 묘사의 대상이 되어 많은 작품을 낳았다.

그러나 이상하게도 민족의 성산이라는 백두산은 우리의 예상과는 달리 작품에 잘 등장하지 않는다. 2~300년 전만 해도 백두산은 사람이 쉽게 접근할 수 있는 곳이 아니었기 때문이다. 함경도 지역민이나 오르는 산이었지 다른 지역 사람들이 오를 염두를 낸 산이 아니었다. 그곳은 탐승探勝이라기보다 탐험探險의 대상이었다. 북방 오지에 있는 험준한 산인 데다가 조선 중기에는 화산이 폭발하기도 했으므로

이인상李麟祥(1710~1760), 〈장백산도〉, 개인 소장
이태호 교수가 엮은 《조선후기 그림의 기와 세》에 실려 있다. 이인상이 백두산을 실제 갔었는지는 확인할 수 없으나 당시 사대부들 사이에 퍼진 백두산 등반의 열망을 표현하고 있다.

길게 설명할 필요도 없다. 그런 연유로 해서 17세기 이전에는 백두산을 올라 여행기를 남긴 이가 없었다.

백두산이 본격적으로 작품에 등장하는 시기는 숙종 이후다. 청나라에서 백두산 주변 국경선을 확정하려고 나서자 세인의 관심사로 떠올라, 등반과 관심의 대상이 되었다. 백두산을 다룬 첫 문예물은 아무래도 유몽인과 홍세태의 〈백두산기〉일 것이다. 홍세태의 유기는 백두산정계비를 둘러싼 문제를 다뤘으나, 직접 백두산을 등반하지 않고 전해들은 사실을 바탕으로 썼기 때문에 생동하는 감흥을 주지 못한다.

그후 백두산을 오르려는 의지를 보인 지식인이 적지 않았다. 하지만 실제로 등반을 감행한 사람은 많지 않았다. 조선의 산수를 사랑해 팔도를 두루 유람하고 네 번이나 금강산에 올랐던 김진상金鎭商(사계沙溪 김장생金長生의 현손)이 백두산 정상까지 등반한 일이 있어 눈길을 끈다. 문과 급제자로 정치적 역량이 탁월했던 김진상은 부침을 거듭하는 벼슬길에 환멸을 느낀 나머지 답답한 심경을 산수 유람에 의탁했다. 백두산 등반은 세상에 미련을 끊으려는 마음의 표현이었다.

백두산을 직접 탐방하고 쓴 기록으로는 이의철李宜哲의 〈백두산기〉가 손꼽힌다. 그는 1751년에 40여 명을 동반해 백두산을 등반했는데 날씨가 좋아 경관을 두루 볼 수 있었다. 이 등산기에는 산을 오를 때 노루 등을 사냥해 산신에게 제사를 올리는, 그 시절의 백두산 등반 풍속이 생생하게 기록되어 있다.

더욱 유명한 여행기는 당주鐺洲 박종朴琮의 〈백두산유록白頭山游錄〉
이다. 그는 1764년 18일 동안 백두산을 등반했다. 함경북도 경성 출신
으로 산에 관심이 많았던 그는, 백두산을 비롯하여 칠보산 등을 두루
여행한 후 여행기를 남겼다. 1739년 왕명을 받들어 백두산 지역을 답
사한 홍계희가 만든 노정기를 참고했다고 밝혔다. 앞선 사람의 산수
기는 뒤에 오는 사람의 등반 안내서로서 제 구실을 톡톡히 해냈다.

서명응은 1766년 백두산이 있는 갑산甲山에 귀양을 가게 되자 산에
올라 〈유백두산기游白頭山記〉를 썼다. 그는 평생 하고 싶은 일 세 가지
가 있었다 한다. 《주역》에 관한 저술, 백두산 탐방, 금강산 등정이었
다. 그러나 세상사에 바빠 엄두를 내지 못했다. 그러던 중 홍문관 부
제학 임명을 거듭 거부한 죄로 갑산에 유배되자 8일 동안 백두산을 탐
방하고 유람기를 남겼다. 같은 사유로 옆 고을 삼수三水에는 통신사로
유명한 조엄趙曮이 귀양 와 있었기에 함께 올랐다. 서명응 일행은 운
이 좋게도 백두산 정상에 올라 천지를 반나절이나 구경했다. 천지를
내려다보며 관찰한 내용을 그는 다음과 같이 묘사했다.

> 대택大澤을 아래로 내려다보았다. 삼면은 산으로 막혀있고 자子 방향이
> 터져 있다. 그 바위틈으로 물이 넘쳐흘러 혼동강混同江이 되고 영고탑寧
> 古塔에 이르러 바다로 흘러들어간다. 압록강과 토문강이 대택으로부터
> 발원한다고 생각하는 이도 있으나 망령이다.
> 사슴들이 무리를 이루어 물을 마시거나 걷거나 누웠거나 달리거나 했

다. 검은 곰 두세 마리가 벽을 따라 오르내리고, 괴이한 새 한 쌍이 훨훨 날아 물을 치고 나니 그림 속 풍경을 보는 듯하다.
이 때 거의 100명에 가까운 일행이 봉우리에 둘러섰다. 산수의 정취를 이해하지 못하는 자라 해도 저도 모르는 새 다리가 앞으로 다가서며 몸이 가장자리로 기우는 것이었다. 나와 조엄은 그들이 추락할까 겁이 나서 금지시켰으나 말을 듣지 않았다. 조현규趙顯奎를 시켜 붓과 벼루를 가지고 풍경을 그리게 하고 지남철을 이용하여 봉우리의 위치를 알아내게 했다.

순수한 멋을 간직하고 있던 백두산 정상의 모습이 그의 붓끝을 통해 드러나고 있다. 모두가 저도 모르게 천지로 다가서는 모습을 통해 백두산 정상의 경물에 압도된 일행의 분위기를 전해 준다. 서명응은 화가에게 풍경을 그리게도 하고 지남철을 이용해 봉우리의 위치를 측정하게도 했다. 아쉽게도 조현규가 그린 그림은 전하지 않는다. 그러나 천지를 구경한 감동은 이인상이 그린 백두산 그림을 통해 엿볼 수 있다. 서명응의 백두산 등반이 남과 다른 점이 바로 백두산 지역의 고도를 측정한 일이었다. 천문학에 깊은 관심을 지닌 그는 백두산에 오르면서 단순한 등반이나 유람에 머물지 않고 평소 하고 싶은 일을 하려고 했다. 그것이 바로 이 지역 고도의 측정이었다. 그는 임어수에 묵으면서 이런 말을 했다.

옛사람은 한 가지 일을 할 때 늘 여러 가지 일을 겸해서 했다오. 우리들이 만약 한갓 산이나 보고 물이나 즐긴다면 천박한 일이오. 국경의 지세를 측량하는 것도 좋고, 북극의 고도를 측정하는 것도 좋겠소.

그리고는 목재를 장만해 목수를 시켜 상한의象限儀를 만들게 했다. 즉석에서 만든 상한의를 이용하여 백두산의 임어수, 연지봉 아래, 천수세 지역의 북극고도를 측정했다. 평소 북극 고도를 측정하려는 소망을 달성한 것이었으니 그가 얼마나 감개무량했을지는 짐작할 수 있다.

18세기 후반에도 백두산 등반은 좀체 이루기 힘든 소망 중의 하나였으며, 감격과 흥분을 동반한 산행이었음을 백두산 유기는 보여준다. 이 무렵 백두산을 올라 감동어린 시문을 남긴 사람으로는 신광하申光河가 으뜸이다. 전국의 명산을 두루 여행한 그였지만 오직 백두산만은 오르지 못해 평소 한스럽게 여겼다 한다. 1784년 조카가 백두산 부근인 경성鏡城의 판관判官으로 부임하자 펄쩍 뛰며 "내 소원이 이루어지는구나!" 하고 조카의 도움을 받아 백두산으로 달려갔다. 그는 이때의 체험을 한시로 읊어 《백두록白頭錄》을 엮었다. 백두산에 다녀온 뒤 그동안 써오던 진택震澤이란 호를 백택白澤 또는 대택大澤으로 바꿀 정도로 그 산에 매료됐다. 백두산 천지天池(옛날에는 대택大澤이라고 불렸다)의 경험이 그의 삶과 의식을 송두리째 흔든 것이다.

여행 뒤 그가 친구에게 보낸 편지에는 백두산 체험의 충격이 표현되어 있다.

백두산 정상에 올랐더니 천하만사가 까마득히 저절로 잊혀졌소. 세상의 이른바 부귀, 빈천, 사생과 애환이 하나도 내 가슴으로 들어오지 않았고, 제왕과 영웅호걸의 업적이란 것도 그저 미미한 것에 불과하더이다.

인생을 다시 보게 만드는 등반 체험의 감동이 짧은 인용문에서도 전해진다. 신광하 이후에도 백두산을 등반한 문사나 그들이 남긴 여행 기록이 적지 않을 텐데 주목할 만한 작가나 글이 별로 눈에 띄지 않는다. 일제시기에 나온 최남선의 《백두산근참기》와 안재홍의 《백두산등척기》가 관심을 끄는 정도다.

백두산은 겨레의 명산이다. 그럼에도 그 산이 우리들의 의식에 굳건하게 자리를 잡고 탐방의 대상이 되기까지 장구한 시간과 많은 우여곡절이 있었다. 지금도 백두산은 여전히 오르기 어려운 곳이다. 그저 막연한 동경의 대상이 아니라 누구라도 수월하게 여행할 수 있는 날이 어서 오기를 기대해 본다.

묘향산 단풍에 반하다

백두산처럼 웅대한 산이 아니라도 산은 다 좋다. 산은 사철 가까이 할 만하지만 나는 특히 가을 산을 좋아한다. 단풍 때문이다. 단풍은 일상에 파묻힌 도시인들로 하여금 여전히 우리가 계절이 순환하는 자연에 속해 있음을 일깨운다. 잊고 지내던 우리의 근본을 다시 한

번 느끼게 하는 단풍은 짙어가는 가을의 풍성한 선물임이 분명하다.

옛날에도 가을철 단풍을 구경하는 인파로 북적이는 곳이 있었다. 평안남도와 평안북도의 경계선에 위치한 묘향산이 그랬다. 정조 때 시인이자, 학자인 박제가는 묘향산 단풍 구경의 감격을 아름다운 기행문으로 살려놓았다.

젊은 시절 그는 과거시험에 매이기를 싫어했다. 그래서 장인인 이관상李觀祥-그는 이순신의 후예였다-이 영변도호부사로 부임할 때 억지로라도 시험공부를 시키려고 임지로 데리고 갔다. 영변에 머물게 된 박제가에게 서울의 친구 이덕무와 유득공이 묘향산 단풍을 꼭 보고 빨리 돌아오라는 편지를 보냈다.

그는 단풍이 절정에 이르자 관서 제일의 명승 묘향산을 열흘 동안 유람하고 돌아와서 〈묘향산소기妙香山小記〉를 썼다. 장인 덕택에 동행인이 꽤 많았고, 기생과 악공樂工까지 데리고 간 호사스런 유람이었다. 하지만 박제가는 호사스러움에는 관심을 두지 않고 산 자체의 매력에 푹 빠졌다.

패기만만하고 감수성이 예민한 스무 살의 시인은 이 여행기에서 글솜씨와 천재성을 유감없이 발휘했다. 산수를 느끼고 묘사하는 산수기의 새로운 차원을 연 작품이라고 평가할 수작이다. 보고서처럼 무미건조하지도 않고, 감탄을 남발하지도 않으며, 그렇다고 산을 보는 안목이 없지도 않다. 두어 대목만 들여다본다.

토령土嶺을 쳐다보니 5리쯤 되어 보인다. 잎이 진 단풍은 가시나무 같고, 흘러내린 자갈은 길에 널려 있다. 뾰족한 돌이 낙엽을 뒤집어쓰고 있다가 발을 딛자 삐어져 나온다. 미끄러져서 자빠질 뻔하다가 일어났다. 손으로 진흙을 짚었는데 뒤따라오는 사람의 비웃음거리가 될까 부끄러워 얼른 붉은 단풍잎 하나 주워 들고 그들을 기다렸다.

바지를 정강이까지 걷어 젖히고 소매를 팔꿈치 위로 걷어올렸다. 두건과 버선을 벗어 깨끗한 모래판에 내던진 후 둥글넓적한 바위에 엉덩이를 고이고 잔잔한 물을 앞에 두고 걸터앉았다. 작은 나뭇잎 배는 잠길락 뜰락, 배는 자줏빛, 등은 노랗다. 돌을 싸고 엉킨 이끼는 곱기가 미역과 같다. 발로 물을 쫙 베니 발톱에서 폭포가 일어나고 입으로 물을 뿜었더니 이빨 사이로 비가 쏟아진다. 두 손으로 물을 허우적거리니 물빛만 번뜩일 뿐 그림자는 보이지 않는다. 눈곱을 떼고 얼굴의 붉은 술기운도 씻었다. 때마침 가을 구름 한 덩이가 물에 비치며 나의 정수리를 어루만진다.

이 글을 처음 번역한 김찬순의 지적대로 "낙엽 속에 묻힌 돌부리도, 벼랑에 달려 말라죽은 고목도 그의 붓을 통해 살아 움직였다." 그는 봉우리 하나, 물 한 줄기에도 정을 실어 표현하되 과도한 감정에 흐르지 않았다.

〈묘향산소기〉의 마지막 대목은 이렇다.

무릇 유람이란 아취雅趣가 중요하다. 날짜의 제약을 받지 않고 아름다운 데를 만나면 바로 멈추고, 지기지우知己之友를 이끌고 회심처會心處(마음에 맞는 곳)를 찾아야 한다. 복잡하고 떠들썩거리는 것은 나의 뜻이 아니다. 속된 사람들은 선방禪房에서 기생을 끼고 시냇물 가에서 풍악을 베푼다. 이야말로 꽃 아래서 향을 피우며 차 앞에 과자를 놓은 꼴이다. 어떤 이는 와서 '산중에서 음악을 들으니 어떻던가?' 하고 묻는다. 나는 '나의 귀는 다만 물소리와 스님의 낙엽 밟는 소리만을 들었노라'고 대답했다.

그 시절에도 기생을 대동하고 가마를 탄 채 산에 올라 풍악을 잡히고 술잔치를 벌이며, 바위에 이름을 크게 새겨놓는 불경스럽고 볼썽사나운 무리가 없지 않았다. 하지만 박제가는 다만 물소리와 스님의 낙엽 밟는 소리만을 들었다고 했다. '지기'와 더불어 마음에 드는 산을 찾아 아취 있는 산행을 즐기는 그에게서 산을 오른 선비들이 보여주는 최고의 멋을 발견한다.

시는 성정에서 나와 소리로 표현된다. 기이함과 교묘함에 힘써 험하고 난삽한 말을 지어내 남들이 이해하기 어려운 작품을 만들고 그것이 잘된 작품이라고 주장한다면 시를 아는 자가 아니다.

신분의 벽을 뛰어넘은 문인들
시인 삼대와 천민 시인 홍세태

조선시대에는 양반이 거의 모든 권력과 이익을 독점했다. 조선 500년 전 기간에 학문과 예술 분야도 양반들이 독점하다시피 했다. 사정이 그렇기는 하지만 조선 후기에는 양반이 아닌 사람들이 문학분야에서 두각을 나타내기 시작했다. 그 결과 문학의 지평이 훨씬 넓어지고 신분의 벽이 천천히 무너지는 현상이 확산되었다. 신분의 한계를 극복하고 귀족이 독차지한 고급문화의 창작에 낮은 신분의 문사들이 동참함으로써 문화계 저변이 크게 넓혀졌다.

양반 사대부가 문단의 중심 세력을 손아귀에서 놓은 적은 한 번도 없었다. 하지만 서얼(서자와 그 자손의 통칭)이나 평민, 천민이 참여하게 되어 문학은 생기를 띠고 훨씬 다채로워졌다. 어렵지 않게 짐작할 수 있을 것이다, 그런 변화는 거저 얻어지지 않는다는 것을. 사회제도의 구속, 양반들의 멸시, 경제적 궁핍과 같은 모진 역경을 헤치고 얻어 낸 소중한 성과인 것이다.

시인 삼대-이봉환, 이명오, 이만용

서얼들은 그들에게 가해지는 차별대우를 극복하기 위한 방안의 하나로 전문적인 능력을 배양했다. 시의 창작도 그런 능력의 하나였다. 이들은 조선시대 중엽부터 서서히 두각을 나타내기 시작해 18세기 이후 역사의 무대에 본격 등장했다.

조선시대 사대부들에게는 전문 시인으로 불리는 것이 그다지 큰 명예가 아니었기에 시인이라는 직업에 만족하고 창작에 전념한 사람들은 대부분 서얼이나 여항閭巷문인들이었다. 양반은 시를 교양의 일부, 학문의 여기로 여겼지만, 이들은 시 창작을 인생을 건 직업으로 삼았다. 서얼 신분인 이봉환이나 홍세태가 보여준 시인으로서의 강한 자의식과 전문가적 자세는 양반들에게서 좀체 찾아보기 어려운 것이다. 특히 이봉환 집안은 할아버지, 아버지, 손자 3대가 전문 시인으로 명성이 자자했다.

이봉환李鳳煥(1710~1770)과 그 아들 이명오李明五(1750~1836), 손자 이만용李晩用(1792~1863), 그들의 시는 천분天分과 가학家學의 산물이었다. 지금도 그렇지만 으레 유산이라면 재산과 벼슬을 떠올리던 시절, 이 집안은 시 짓는 능력을 유산으로 물려줬다. 영의정 정원용鄭元

舂이 이만용의 시집을 위해 쓴 서문을 보면 전문 시인의 명성을 이어가는 집안이 묘사되어 있다.

근대에 우념재雨念齋(이봉환)와 박옹泊翁(이명오), 동번東樊(이만용) 3대가 있어 문장과 시로 세상을 크게 떠들썩하게 했다. 그들이 왔다는 말을 들으면 시단의 거장들조차 신발을 거꾸로 신고 반갑게 맞아들였다. 시 한 편이 나오면 글 하는 사람들이 널리 베껴 돌려가며 감상하여, 그 이름이 장안을 뒤흔든 지가 거의 100여 년이나 되었다. 특히 정조 임금님께서는 우념재와 박옹 두 분의 문집을 궁궐로 들여보내라 하여 친람親覽하시고, 박옹이 머물던 김포의 우거도寓居圖를 그려 바치라고 하셨다.

정조 임금이 그들의 시집을 궁궐로 들이라 해 친히 열람했다니 그 시대로서는 더할 나위 없는 영광을 입었다고 할 수 있다.

정조가 이들을 후하게 인정한 데는 개인적 인연도 작용했다. 시인으로 명성이 높았던 이봉환은 사도세자에게 인정받아 세자를 위해 글을 쓰기도 했는데, 그것이 빌미가 되어 사도세자 사후 형장을 맞고 죽었다. 그 일을 잊지 못한 정조는 특별한 애정을 갖고 이봉환의 시를 직접 뽑아 간행해 아버지 사도세자에게 충성을 보인 그에게 보답하려 했다.

하지만 이런 정치적 문제와는 상관없이 3대의 시는 매력적이다. 먼저 할아버지 이봉환의 시를 보자. 그는 영조시대의 시인으로 명성이 자자한 사람이다. 그의 작품은 섬세한 감각과 정교한 묘사가 특징이다. 감각적인 시를 즐겨 쓴 그이지만 시 가운데는 신분 문제를 우회적으로 거론한 시가 있어 눈길을 끈다.

분신이 억만 천만 바쁘게 흩어져도	分身散去億千忙
의구한 가지와 등걸은 억세게도 버텨섰네	依舊枝株影木强
그렇구나, 봄의 신이 수레 돌려 떠나고자	定識東皇將返駕
미리부터 온 천지에 향을 뿌린 거겠지	先敎大地盡鋪香
부는 바람 내리는 비에 피었다 지는데	風風雨雨關終始
제비 날고 꾀꼬리 우짖어 쓸쓸하게 되었네	燕燕鷪鷪遞踽凉
절대가인의 뇌문誄文을 지어야 하련마는	絕代佳人宜作誄
비단 창자 가진 재주꾼 그 누구인가	有誰才子錦爲腸

(〈저문 봄에 홍여초 등과 함께 낙화를 읊다暮春與洪潁草及諸人共賦落花〉 제1수)

꽃잎이 떨어지는 모습을 세밀하게 묘사했다. 왜 하필이면 아름답게 핀 꽃을 노래하지 않고 낙화를 노래한 것일까? 더구나 수십 수에 이르는 연작시를 말이다. 이봉환만 그런 것이 아니라 그의 여러 벗이 낙화를 주제로 많은 시를 썼다. 실의失意한 서얼들의 수심과 분개한 심경을 우회적으로 표현한 것이라 보지 않을 수 없다.

이봉환은 뛰어난 시인이었지만 불행히도 처형당하는 신세가 되었다. 사람들은 낙화를 즐겨 읊은 것이 빌미가 되었다고 수근거렸다.

아들 이명오와 손자 이만용은 이봉환의 뒤를 이어 많은 작품을 남겼다. 하지만 시의 정조는 훨씬 밝아졌다. 그들의 시는 읽는 맛을 한껏 느끼게 해준다. 이명오의 시를 한 편 읽어보면 이렇다.

허수아비 두 팔 벌려	撑揭偶人
도롱이를 걸쳐놓으니	欹簑笠
그제야 할 일 없는 입에서는	纔得閒口
메나리가 절로 나온다	山花歌
어제는 머뭇거리던 새란 놈	昨日鳥疑
오늘은 내려앉으며	今復下
허수아비 들으라고	還向偶人
비웃고 욕하는 소리 난만하구나	笑罵多

《참새 모는 아이驅雀兒》

들녘에 서 있는 허수아비와 참새를 쫓는 아이들의 정경이 생생하게 묘사되었다. 허수아비를 세워놓고는 이제는 쉬어도 되겠다고 즐거워했는데 허수아비에 익숙해진 참새가 다시 내려 앉는다. 농촌의 가을 풍경과 동심이 서정적으로 표현된 시다.

삼대 시인은 시재를 인정받아 장안의 명문가를 비롯한 당대 최고 시인들과 활발하게 교유했다. 그 결과 훗날 조부손 삼대가 모두 아름다운 시집을 갖는 행운도 누렸다. 이봉환의 시집은 그 아들 이명오가, 이명오의 시집은 그 아들 이만용이, 이만용의 시집은 그 증손자가 대를 이어 간행했다. 특히 이만용의 시집은 구한말 학자인 김택영金澤榮의 도움을 받아 간행했다. 삼대의 시집이 간행된 사연도 평범하지 않다.

  시집을 간행하기가 어려운 시대임을 감안하면 삼대의 시집이 그렇게 정갈하게 출간된 것은 특별한 일이다. 특이한 것은 그들의 시집은 양이 단촐하다는 점이다. 그들이 과작인 탓이 아니다. 이명오는 87세 때 병석에 누워 아들 이만용에게 이렇게 당부한 일이 있다.

> 정조께서 산정刪定하여 판각한 선인先人의 시문이 겨우 네 권에 그쳤다. 내 시는 네가 덜어내어 두세 권을 넘지 않도록 하고 집에 보관할 뿐 널리 퍼뜨리지 말거라!

  이만용은 눈물을 흘리며 그렇게 하겠노라고 대답하고 1만 수가 넘는 작품에서 일부를 뽑아 작은 책자로 간행했다. 국왕이 아버지의 문집을 네 권으로 줄여 편찬했기 때문에 아들인 자기의 문집은 결코 그 규모를 넘어서는 안 된다는 것이다. 이 부자간의 일화는 가슴 뭉클한 사연이다. 손자 이만용의 시집도 할아버지와 아버지의 관례를 따라 그처럼 양이 적다.

  삼대는 시인으로는 명성이 높았지만 출세와는 거리가 멀었다. 아무도 그들을 관료 사회로 이끌지 않았다. 서얼이라는 신분이 큰 장애가 되었음은 굳이 말할 필요조차 없다. 신분과 능력의 상충을 고민하던 이봉환 삼대는 시를 빌려 카타르시스를 꾀할 수밖에 없었다. 시를 여기餘技쯤으로 여기고 백성 수탈을 능사로 삼은 속된 양반들 가운데 역사에 더러운 이름으로 남은 자가 적지 않다. 반면 그들과 대조적으로 이봉환 등은 깨끗하고 명예로운 이름을 남겼다. 역사가 그들의 울분에 조금이나마 보답한 셈이다.

천민 시인 홍세태

편견과 속박에서 자유로워야 할 문학 창작의 영역에서조차 '신분'의 굴레 때문에 이름이 잊혀지고 과소평가되는 경우가 있다면 참 안타까운 일이다. 서얼 가운데 그런 사람들이 많았지만 평민 이하의 문사들은 그보다 더 열악한 상황에서 문학에 참여했다. 그중에는 발군의 글솜씨를 발휘하여 한 시대의 명사가 된 홍세태 같은 이도 없지 않다. 그의 존재는 생각할수록 이채롭다.

홍세태洪世泰(1653~1725)는 숙종 때의 여항시인閭巷詩人이다. 조선 후기에는 중인中人 이하의 평민과 천민들이 모여 시회를 여는 경우가 적지 않았고, 이러한 부류의 문인을 세상에서는 여항문인이라 했다. 양반 중심으로 전개되어 온 조선의 문단이 비로소 다양한 작가층을 얻게 된 것은, 여항문학의 발전과 깊은 관계가 있다.

그런 여항문인을 대표하는 작가가 바로 홍세태다. 그는 한 시대를 주름잡은 이름 높은 시인이었지만 사실 천출賤出이었다. 그의 어머니는 종이었다. 하지만 워낙 시를 잘해 권세가 김석주金錫胄와 동평군東平君 이항李杭이 각기 은 100냥을 속량전贖良錢으로 내놓아 노비 신분에서 벗어날 수 있었다. 김석주는 당시 권력을 쥐었을 뿐만 아니라 문단에도 큰 영향력을 행사하던 명사였고, 이항 역시 정치적으로 비중이 높은 종실宗室이었으니 당시 최고 권력자에게까지 역량을 인정받은 셈이다.

훗날 그는 숙종과 영조에게서도 인정받는 시단의 기린아로 성장했다. 명성으로 인해 통신사의 일원으로 일본에도 다녀왔고, 미관말직도 얻었다. 남유용南有容(1698~1773)은 그런 홍세태를 이렇게 평가했다.

> 세상에서 창랑滄浪 홍세태를 두고 단지 시나 잘하는 사람이라고 평한다. 하지만 그의 공적을 소홀히 대접해서는 안 된다는 것이 나의 생각이다. 그 무렵 창랑이 여항에서 맨손으로 일어나 바른 소리[正音]를 한번 창도하자 그 이름이 사대부 사이에 크게 오르내렸다. 그로 인해 여항 사람들이 제각기 분발하여 오척五尺 동자들까지 모두 책을 끼고 독서하는 일이 귀중함을 알게 되었다. 아! 이것이 누구의 힘인가?
>
> 〈〈성재집서省齋稿序〉, 《雷淵集》〉

홍세태의 노력으로 인해 도회지 골목에 사는 서민들이 모두 책을 끼고 독서에 매달렸다고 했다. 학문을 연마하고 독서하는 것이 양반 사대부의 전유물이었는데 서민들도 거기에 참여하는 현상이 18세기에 일어났고 홍세태가 그런 움직임에 촉매제가 되었다는 주장이다. 더러 과장된 점도 있겠지만 남유용의 평가대로 여항시단을 본격적으로 가동하게 만든 인물이 홍세태임은 틀림없는 사실이다.

  노비 신분을 벗어났다고는 하지만 그렇다고 홍세태가 양반이 된 것은 아니다. 세상에는 그와 비슷한 처지의 많은 숨은 시인들이 존재했다. 그는 그동안 양반 사대부들이 독점해 온 시단 밖에 훌륭한 시인들이 많이 있다는 사실을 알리고 싶어했다. 그런 취지로 따로 여항인들만을 모아 시사詩社를 조직하고, 지난날의 여항인들이 쓴 명시를 가려 뽑아 《해동유주海東遺珠》란 시집을 엮었다.

  그 서문에서 홍세태는 "명리名利를 훌쩍 벗어던져 마음에 얽매인 것을 없애지 않고선 시다운 시를 짓지 못한다"라고 말했다. 시를 잘 짓기 위해서는 명예와 이익을 포기하자고 했다. 시를 위해 명예와 이익을 포기할 자는 과연 누구일까? 신분이 미천하고 가난한 여항사람들이 바로 그들이라는 이야기다. 세상의 권력과 부를 독점한 양반들이 그렇지 못함을 꼬집은 말이기도 하다.

  그는 또 시를 쉽게 쓰자고 주장했다.

  시는 성정에서 나와 소리로 표현된다. 기이함과 교묘함에 힘써 험하고 난삽한 말을 지어내 남들이 이해하기 어려운 작품을 만들고 그것이 잘

된 작품이라고 주장한다면 시를 아는 자가 아니다.

 알기 어려운 난삽한 말을 늘어놓고 시입네 떠드는 양반 시인들의 볼썽 사나운 행위를 질타한다. 그의 주장을 풀이해 보면 좋은 작품은 여항인에게서나 나온다는 것이 아닐까 한다. 여기에는 사대부들이 쓴 시에 대한 비판적 시각이 은밀하게 숨겨 있다. 사실상 사대부들이 독차지해 온 시 창작의 영역을 낮은 신분의 사람들도 나누어 갖겠다는 강력한 의지를 표현한 것이기도 하다.
 홍세태는 그런 주장을 작품에 반영했다. 많은 작품을 창작했고, 많은 사람들에게 공감을 얻었다.

누운 채 청산을 사랑하느라	臥愛靑山
날마다 늦어서야 일어나노니	起每遲
뜬구름도 흐르는 물도	浮雲流水
시 안으로 다 들어오네	亦吾詩
우스워라!	此身却笑
이 내 몸은 선골仙骨이 아니런가	非仙骨
뱃속 가득한 연하煙霞로는	滿腹煙霞
배고픔을 못 고치네	未解飢

〈〈기분을 달래며[遣興]〉〉

물욕物慾에 초탈한 시인의 자화상이다. 뱃속에는 고상하고도 순수한 아름다움이 가득 차 있다. 그러나 어쩌랴! 그 아름다움으로는 배고픔이 조금도 해결되지 않는다. 내가 신선의 종자가 아니라서 그런가 하고 자조와 자괴의 헛웃음을 날린다. 오로지 시의 창작으로만 살아가는 시인의 궁핍이 묻어나온다.

홍세태는 시인임을 자부했고, 자기 작품을 대단히 소중히 여겼다. 그는 죽기 바로 전해인 1724년, 평생에 쓴 작품을 스스로 편집하고 〈자서自敍〉까지 썼다. 자기 작품을 꼼꼼하게 정리해 부賦 3편, 시 1,627편, 문文 42편이라는 작품 수를 밝혀놓기까지 했다. 자기 시문이 거둔 성취에 대한 자부심이라 생각한다.

문집은 보통 작가가 세상을 떠난 후 제자나 자식들이 정리하는 것이 상례다. 하지만 홍세태는 많은 자금이 소요되는 문집을 간행해 줄 변변한 제자도 간행 사업을 주도할 아들도 없었다. 열 명이 넘는 자녀를 죽기 전에 모두 앞세운 불행한 남자였다. 그 시대에 홍세태처럼 신분이 낮은 문인의 시문을 수습해 선뜻 간행해 줄 의로운 사람을 기대하기가 쉽지 않았다. 이런 사정을 잘 알고 있었기에 그는 돈이 생기면 베개 속에 숨겨 문집을 펴낼 비용을 스스로 장만했다. 죽기 얼마 전 홍세태는 부인에게 이미 편집이 완료된 문집 원고와 간행 비용을 건네주었다. 그러면서 이를 잘 보관했다가 때를 기다려 간행해 달라고 유언했고, 부인은 그 부탁을 저버리지 않았다.

"내가 시인으로 성장할 수 있었던 것은 내조의 힘"이라고 홍세태는 늘 입버릇처럼 말했다. 그 말 그대로 현재까지 그의 시집이 전하게 된 데는 부인의 공이 가장 컸다. 사위와 제자는 홍세태 사후 6년 만에 고인이 편집한 원고를 저본으로 하고 약간의 보유편을 덧붙여 문집을 발간했다. 양반이나 간행할 수 있었던 문집을 천민 출신 문사가 번듯하게 소유하게 되었다. 지금도 그 문집이 전해 온다.

여항사람이 문집을 발간할 때는 문벌이 혁혁하고 명성이 자자한 사대부의 서문을 자랑삼아 싣는 것이 보통이다. 하지만 홍세태의 문집은 저자의 평소 생각을 피력한 〈자서〉만을 실었다. 겸손해서일까? 그런 뜻도 있었을지 모르겠으나 도리어 자기 문학에 대한 자부와 오기를 표현한 것은 아닐까?

평생 비천한 신분 때문에 숱한 인간적 고통과 좌절을 겪어야만 했던 홍세태. 그 고통을 시에다 쏟아부어 그는 우리 시사를 풍부하게 만들었다. 그래서 불우한 자신을 위로하고 세상을 개탄하는 마음이 드러난 시가 많다. 시골에서 늙어가는 말을 소재로 쓴 다음 시에 푸념과 울분이 담겨 있다.

시골 마을에 늙은 암말 있다네	田家有老牝
태어날 제는 천리마 망아지였지	生得天馬駒
용의 갈기에 오색 무늬 털	龍鬐五花文
세상에 다시없는 신골神骨이었네	神骨世所無
남다른 점 보지 못한 촌사람들	里閻不見異

앞 다투어 빌려다가 섶 달구지 끌게 하네	爭借駕柴車
두 귀를 늘어뜨리고 양이랑 소랑 어울려서	垂耳逐羊牛
종일토록 몇 리 길을 걸어가네	終日數里餘
서울에는 넓고 큰 길 있건마는	長安有大道
이 말은 촌구석에 처박혀 있네	此馬終村壚

〈이런저런 생각[雜興]〉

 하늘나라 마굿간에서 신선들을 태우던 망아지가 이 지상에 내려와서는 땔나무 달구지나 끌면서 생을 보낸다고 했다. 뛰어난 자질을 자부하는 시인이 세상에서 대접받지 못하고 늙어가는 처지를 되돌아보며 터뜨리는 한숨이 느껴진다. 천민 태생이었던 홍세태는 자신을 '세상에 다시없는 신골神骨이라' 고 자부했다. 남들은 잘 인정하려 들지 않지만 그는 단단한 오기를 지니고 차별과 불평등의 세계를 헤쳐 나갔다. 그리고 그 오기가 우리 시사를 든든하게 받치고 있다.

3
글과 영혼

편지가 마침 도착하여 뜯어보고 한바탕 웃었습니다. 마음속에 그리던 사람이 이렇게 이르렀으니 무엇으로 보답할까요? 창 모서리에 뜬 봄볕을 오이처럼 따다가 답장편지 속에 넣어 바로 보내고 싶습니다.

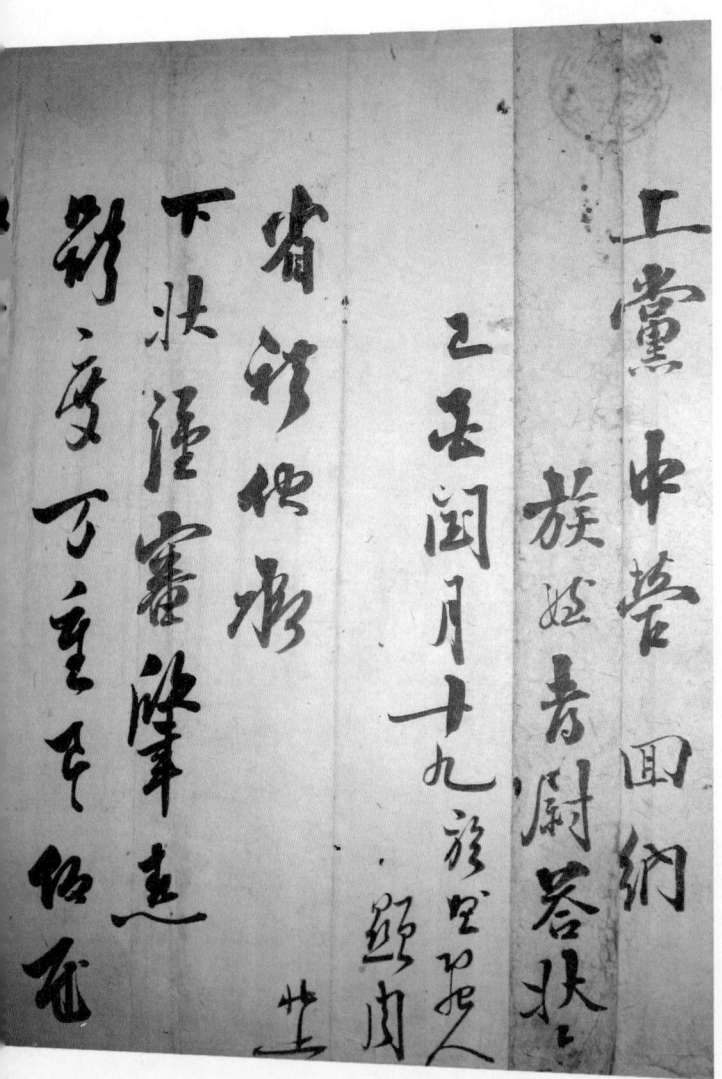

*정조의 부마 홍현주洪顯周의 편지와 봉투, 수경실 소장

편지로 운명을 위로하다
이규보의 〈나에게 부치는 편지〉와 선비들의 척독

오늘날 우리는 주로 이메일을 이용해 정보와 소식을 교환한다. 얼마 전만 해도 우체국을 거쳐 편지를 주고 받았던 것을 생각하면, 상전벽해桑田碧海의 변화다. 따지고 보면 이 우체국이란 것도 겨우 100년 남짓한 제도에 불과하며 그 이전에는 편지를 부치기 위해 인편人便이 이용되었다. 오로지 편지를 전하기 위해 먼 길로 사람을 보내거나, 또는 다른 사무를 보기 위해 여행하는 사람에게 부탁해 편지를 보냈다. 공간을 초월해 무제한의 속도로 재빨리 오가는 이메일에 비해 느리게 전달되는 그와 같은 편지를 달팽이 편지라 부른다. 그럴싸한 말이다.

이런 달팽이 편지를 주고받는 일이 드문 시대가 되었다. 업무상 서류를 주고받는 것은 둘째 치고 사연을 담아 손으로 한자한자 써내려간 편지를 받아보는 일이 점점 드물어진다. 교통이 발달하기 이전에 편지는 일상생활에서 가장 중요한 커뮤니케이션 도구였다. 의사소통과 학문적 교류, 생활 정보전달은 대부분 편지를 통해 이루어졌다. 보내는 사람의 독특한 필체로 표현된 마음과 정서를 주고받았다. 사연과 용건을 실어나르는 도구이자 사람과 사람을 이어주는 고리가 바로 편지였던 것이다. 그래서일까, 편지 중에는 유달리 사람 향기가 물씬 배어나는 글들이 많다.

선인을 대신하여 나에게 부치는 편지

너무도 뻔한 사실이지만, 편지는 타인에게 자신의 의사를 전하는 도구다. 그런데 남이 아닌 자기 자신에게 보내는 편지를 쓴 사람이 있었다. 고려 중엽의 이규보李奎報가 바로 그이다. 그는 젊은 시절부터 탁월한 시인으로 명성을 얻었다. 〈산중의 밤에 우물에 뜬 달을 읊다山夕詠井中月〉와 같은 짧은 시에서도 톡톡 튀는 상상력을 발휘한다.

산에 사는 스님이 달빛을 탐내	山僧貪月色
달빛까지 물병에다 뜨고 있구나	幷汲一甁中
절에 가선 바야흐로 깨달으리라	到寺方應覺
병 기울면 달빛조차 간 데 없음을	甁傾月亦空

남용익南龍翼에게서 '동국 문학의 종장宗匠'이라는 찬사를 들은 그는 고려시대, 나아가 한국 문학사를 대표하는 문호이다. 우주까지 삼킬 듯한 상상력에 거침없이 흘러가는 도도한 문장력이 더해진 아주 호방한 작품이 특징이다.

천부적인 문학 재능에도 불구하고 청장년기 이규보는 예상 외의 불운을 겪었다. 과거에 장원급제했으나 관운이 따르지 않아 마흔이 되어서야 한림원翰林院에 들어가게 되었다. 그것도 임시직으로. 벼슬자리를 얻기 전, 억울함을 견딜 수 없었던 그는 자신을 위안하려고 멋진 상상의 날개를 폈다. 자기 자신에게 위로의 편지를 쓰는 것이었다.

편지 제목은 〈선인을 대신하여 나에게 부치는 편지代仙人寄子書〉로 발신자는 하늘의 신선이고 수신자는 자신이었다. 하늘나라에서 문학을 관장하는 신선들이 옛 동료인 이규보에게 부친 편지였다. 하늘나라 우체국에서 전해온 편지는 이렇게 시작한다.

몇 월 며칠, 자미궁사紫微宮使 아무개와 단원진인丹元眞人 아무개 등은 삼가 금동金童을 보내 동쪽 나라에 사는 이춘경李春卿(춘경은 이규보의 자) 선생께 편지를 받들어 올립니다. 인간 세상은 소란하고 번잡하여 몹시 괴로울 테지요. 엎드려 묻건대, 어떻게 살아가는지요. 사모하는 마음 그지없습니다. 우리 두 사람은 상제上帝님 곁에 있으면서 하늘의 명령을 출납出納하고 있습니다만, 옛적에는 그대도 문신文臣으로 상제님의 조칙을 맡아보셨지요.

이규보가 하늘나라에서 상제의 조칙을 맡아 일하면서 공훈을 많이 세우자 상제가 포상으로 지상에 내려가 부귀복록을 실컷 누리게 한 다음 다시 하늘로 불러들이겠다고 약속했다는 것이다. 일종의 포상휴가를 지상의 고려국으로 보낸 셈이다. 갖가지 능력으로 이규보의 정신을 가꾸고, 말 수천 마리와 100대 수레에 지식을 가득 실어 해뜨는 나라에 태어나게 했다. 출장입상出將入相해 능력을 발휘하고, 인간으로 누릴 수 있는 행복을 최대한 만끽하도록 조처했다. 하지만 예상과는 딴판으로 이규보의 활약상이 하늘나라에 전혀 들려오지 않았다. 때마침 지상에서 돌아온 한 사자가 다음과 같은 소식을 전해왔다.

춘경은 온갖 곤경에 뒹구느라 벼슬 한 자리 할 기회조차 꽉 막혀버린 사람입니다. 술잔이나 기울이며 미친 짓거리나 일삼고, 산수나 찾아다니는 낭만이나 즐깁니다. 허리에는 벼슬아치의 인끈을 드리우지 못하고, 머리에는 삼량관三梁冠을 드높이 쓰지 못합니다. 물 떠난 용인지 상갓집 개인지, 비틀거리고 멍청한 꼴이 궁상맞은 선비에 불과합니다. 공경대부들이 그 이름을 모르지 않는 것을 보면, 물정에 어두워 세상사를 모르기에 못 뽑히는 것이 아니겠는지요?

뜻밖의 소식이라, 신선들은 현자를 미워하고 재사를 시기하는 동국의 죄악을 응징해야겠다고 의견을 모았다. 일단 의견이 모이자 이규보에게 재능을 마음껏 발휘하고 곧 천상에서 다시 만나 회포를 풀자는 사연의 서찰을 동자를 시켜 전했다. 뒷부분은 이렇게 끝난다.

사자의 말이 끝나기도 전에 우리들은 깜짝 놀라, 어진 이를 질투하고 유능한 자를 꺼리는 당신네 나라 사람들의 죄를 단죄하자고 상제께 아뢰었습니다. 상제께서 이미 재가를 내리셨으니 곧 못된 자들을 단단히 금고禁錮하고 당신의 굴욕을 펴줄 것입니다. 그대는 활개를 치게 될 것이고, 그대는 걸음걸이가 당당해질 것입니다. 옥당玉堂에 길이 있으니 제 아무리 깊다고 못 들어가며, 중서문하성中書門下省이 하늘이 아니니 제 아무리 높다고 오르지 못하겠습니까?
홍진紅塵의 하계下界에서 한바탕 영화를 즐기고 계시는 동안, 하늘 위의 벗들은 속절없이 선인仙人이 오기를 기다립니다. 먼지 쌓인 거문고는 그대 오기를 기다려 뜯고, 주인 없는 옥실玉室은 그대를 기다려 열 것입니다. 천제天帝께서 내리신 단로장丹露漿과 금하액金霞液을 우리들만 날마다 물리도록 마실 뿐 그대와 함께 마시지 못한 지 오랩니다. 속히 평소의 뜻을 실현하고 다시 하늘로 날아오기 바랍니다. 아, 공명功名은 이루지 않을 수 없으나 부귀는 오래도록 탐할 수 없는 법, 우리가 그대에게 권할 것은 이뿐이니, 노력하소서. 머리를 조아리며 두 번 절합니다.

이규보는 기발한 방법으로 불우한 자기 운명을 위로했다. 스스로를 본디 천상에 속한 인물로, 신선 두 사람을 전생의 친구로 설정해 친구들이 자신에게 편지를 부치게 했다. 편지라는 형식을 빌려 쓴 넋두리지만 발상이 흥미롭다. 누구에게도 위로받지 못하는 심경이 느껴지는 한편, 아무리 궁해도 스스로를 멸시하지 않고 천상의 인물로 과장하는 호기가 인상적이다. 이 편지에는 능력 있는 자가 멸시당하는 현실의 부조리를 폭로하는 발칙함도 숨어 있다.

역사상 남의 불우함을 위로하는 편지는 많이 볼 수 있다. 하지만 자신을 위로하느라 하늘에 있는 선인의 입을 빌리는 그의 재치는 풍부한 상상력의 발현이 아니고 무엇일까? 이규보는 돌과도 문답을 나누고, 자기 마음과 대화를 주고받는 작품을 쓰기도 했다. 자기를 벗어나 남의 마음과 목소리까지 빌려 표현한 작가였으므로, 이러한 상상력을 발휘할 수 있었다.

이 편지는 상상의 소산이지만 신선 친구가 한 말은 눈 앞의 현실이 되었다. 이규보는 이후 승승장구해 벼슬은 재상에 이르고, 문학은 동방의 문호로 칭송을 받게 되었으니 말이다.

척독, 수십 개 단어만으로 자신의 마음을 전하다

이규보의 편지는 자신의 마음을 자신에게 토로한 것이라 내밀한 심경을 엿보는 감흥이 있다. 불과 수십 개의 단어로 자신의 마음을 타인에게 전하는 '척독'이라는 편지는 어떤가? 재치 있는 비약과 압축이 선사하는 팽팽한 긴장감이 재미있다.

우리가 보통 편지라 부르는 것은 구구절절 상세한 내용을 담은 서간書簡과 극히 짧은 내용을 적은 척독尺牘 두 종류로 구별된다. 서간은 사실을 상세히 알리거나 상대를 설득할 목적으로 쓴 장황한 편지인 반면, 척독은 보낸 이의 심경과 감정의 토로를 특징으로 한다. 그런 형식상의 이유로 높은 예술성과 품격을 지녀 긴 여운을 느끼게 하는 척독이 적지 않다. 보낸 이의 정취情趣를 잘 드러내는 척독을 옛 문집에서 우연히 발견해 음미하는 재미가 쏠쏠하다.

명종 연간 충청도에 두 명사가 살았다. 안면도에 사는 토정 이지함李之菡과 계룡산 자락에 사는 고청孤靑 서기徐起, 이 둘은 절친한 친구였다. 고청의 유고를 읽다 보니 토정이 보낸 짧막한 척독 한 통이 부록처럼 실려 있다.

요새 학문에 진척이 있으신지요? 여기는 자식 놈이 감기를 앓고 있는데, 상태가 심해 걱정입니다. 내일 조카를 데리고 탐라耽羅를 가려는데 선생께서 동행할 뜻은 없으신지요? 그래서 편지 올립니다.

무슨 대단한 사연이 적힌 것이 아니다. 내일 제주도에 가려고 하는데 당신도 가겠느냐는 문의 편지일 뿐이다. 전후 내용이 없어서 과연 두 선비가 함께 제주도를 갔는지 알 수 없으나 고청의 문집에 토정과 함께 한라산을 등반한 일화가 실려 있는 것으로 보아 동행한 것 같다. 당시 배를 타고 제주도 여행하기가 참으로 어려웠다는 사실을 상기하면, 그런 먼 곳에 바로 다음날 함께 가자고 편지를 보낸 토정의 행동은 생뚱하기까지 하다.

　토정은 《토정비결》의 저자로 당대의 기인이자 학자였으니 그럴 법도 하다. 고청 역시 학문이 출중해 세인들의 존경을 받던 선비다. 둘 다 세속적 명예를 얻지는 못했지만 그들의 호방한 행동과 결출한 학문은 세상에 널리 알려져 흠모의 대상이 되었다. 탐라 여행을 마치고 토정을 먼저 집으로 보낸 고청은 중국 남부까지 여행해 주자朱子의 초상을 가져왔다는 후일담이 전해진다. 그처럼 녹록하지 않은 두 사람의 내면을 이 작은 편지 조각에서 포착할 수 있다.

편지 조각에 담긴 호기와 인품

　우연히 홍대용洪大容의 문집 《담헌서湛軒書》를 넘기다 스승 미호渼湖 김원행金元行의 가르침을 기록한 대목에서 토정이 고청에게 보낸 편지를 두고 사제 간에 나눈 대화가 눈에 띄었다. 반가운 마음에 읽어보았다.

　미호는 어느 날 홍대용에게 자기가 대단히 좋아하는 글이라면서 작은 척독 두 조각을 보여주었다. 그중 하나가 바로 앞의 편지였다. 홍대용이 그게 그렇게 중요한 의미를 담고 있느냐고 묻자, 스승은 이렇게 답했다.

오늘날 사람은 교외에 나가는데도 반드시 날을 잡고 양식을 장만한다고 법석을 떤다. 그러고도 병이나 어떤 사유를 대며 약속을 어기는 일이 많다. 그런데 토정 선생은 바다 건너 섬에 들어가는데도 자식의 중병은 염두에 두지 않을 뿐더러 천 리 길을 가면서 약속을 내일로 잡았다. 하룻밤 사이에 말과 식량을 어떻게 마련하겠느냐? 하지만 고청 선생은 망설임 없이 동행한 것으로 보인다. 오늘날 입장에서 보면 두 분의 행동이 물정에 어두운 사람의 일로 보일 것이다만, 나는 이 편지에서 그 분들의 호쾌한 결단을 보았다!

미호는 편지 조각에서 옛사람의 호기와 인품을 읽어냈다. 내가 읽어낸 편지의 매력과 다르지 않아 쾌재를 불렀다. 충청도에서 제주도까지 그 먼 바닷길을 여행하고 한라산을 오르는 일은 당시로서는 어려운 일이었다. 그렇지만 자식의 중병에도 홀연히 길을 떠나는 토정의 성품과 상대방의 준비 여부를 배려하지 않고 내일 당장 떠나자고 밑도 끝도 없이 몇 마디로 표현해버리는 그 마음 씀씀이 대단하다. 그도 그렇지만 이렇다 저렇다 구질구질하게 따지지 않고 친구 따라 당장 떠난 고청의 행동도 범인의 그것은 아니다. 일상의 자질구레한 예절과 먹고사는 문제에 얽매여 좌고우면하는 범인과 대비하면 두 선비는 정말 어려운 결단을 쉽게도 내리는 사람들이다.
　미호의 말을 듣노라면 마치 요즘 우리들이 살아가는 모습을 꼬집는 것 같아, 저 보잘것없는 편지 조각의 의미가 새삼 다가온다. 정말 토정과 고청의 행동에는 범접하기 어려운 옛사람의 후덕한 인간미가 느껴진다. 미호는 그러한 고인의 삶을 흠모해 제자에게 그 뜻을 새겨주었다. 가까운 곳을 갈 때조차 이것저것 따져보고 길을 떠나는 좀스러움이 부끄럽다.

이렇게 짧은 글에서 인간미를 발견하는 즐거움, 그것이 척독을 읽는 재미이다.

척독, 정취 있는 문학

편지가 마침 도착하여 뜯어보고 한바탕 웃었습니다. 마음속에 그리던 사람이 이렇게 이르렀으니 무엇으로 보답할까요? 창 모서리에 뜬 봄볕을 오이처럼 따다가 답장편지 속에 넣어 바로 보내고 싶습니다.

편지를 통해 노형께서 새해를 맞아 기쁜 일이 많아졌음을 알고 위안을 받았습니다. 노형의 불우함을 생각하면 언제나 한숨이 터져 나올 것만 같습니다. 허나 진평陳平처럼 아름다운 분이 끝까지 곤궁하게 살 리 있을까요?

객지의 제 형편은 달리 말씀드릴 게 없군요. 쓸데없이 크기만 한 칠척七尺 몸뚱어리가 달팽이 껍질 같은 초가집 안에 웅크린 채 처박혀 있어 침침한 벽 기우뚱한 기둥이 제가 기지개를 펴면 삐걱삐걱 금세 무너질 것 같다는 점만 말씀드리지요.

조희룡趙熙龍(1789~1866)이 환갑도 넘은 나이에 임자도荏子島에서 유배 생활을 하며 서울 친구에게 보낸 편지다. 임자도는 무안군 앞바다에 있는 섬으로 현재 행정구역상 지명은 신안군 임자면이다.

19세기 전반기의 인물로 시詩·서書·화畵에 모두 뛰어났던 조희룡은 억울하게 유배를 갔다. 1851년 외척 안동 김씨 일가가 권력을 독점하게 되자 권돈인權敦仁과 김정희金正喜 등이 실각하게 되었다. 세도가 김씨는 조희룡을 김정희의 '조아심복爪牙心腹'이라 해 유배 보냈다. 임자도에 버려진 조희룡은 오히려 익숙한 일상과의 단절을 즐기며 많은 그림과 글을 남겼다. 마치 소동파蘇東坡가 해남도海南島로 귀양 가서 그랬듯이 말이다.

절해고도絕海孤島에 갇힌 조희룡은 서울 친구들과 수많은 편지를 주고받았다. 그 편지들은 우수憂愁와 고독을 견디며 예술혼을 불태운 화가의 진면을 담고 있다. 모두가 간단한 사연을 쓴 척독이다.

조희룡은 고독과 우수를 비감하게 토로하지 않고, 앞의 편지처럼 약간 장난기를 담아 표현하기를 즐겼다. 그리운 친구에게 창 모서리에 뜬 별을 "오이처럼 따다가" 답장으로 부치고 싶다고 한다든지, 자기 처지를 마치 가난한 흥부집처럼 묘사하기도 했다. 우수를 유머로 감싼 셈이다. 조희룡의 이런 익살스런 모습은 다른 편지에서도 찾아볼 수 있다.

족자 하나가 겨우 완성됐네. 머리는 대머리이고 이는 빠져서 만사를 물리치는 처지이니 손끝을 탓할 수 있겠나? 그 가운데 가장 안쓰러운 것은, 노년을 보내는 소일거리가 오로지 책을 보는 것뿐인데 요즘은 책장을 덮으면 바로 잊어버린다는 것일세. 전에 들은 이야기 하나 하겠네. 한 노인네가 늘 같은 책만 보고 다른 책으로 바꿔보지 않자 누가 그 까닭을 물었다네. 그러자 "나는 날마다 보지 못한 새 책을 보는데 어째서 같은 책이라 하는 거요"라 했다지. 이 말은 소담집에나 들어갈 이야기이지만 요즘 내 모습을 잘도 비유했더군. 하하!

문학도 그림도 유희遊戱 정신에서 만들어져야 한다는 지론을 갖고 있던 그는, 유배의 괴로움을 담아 전하는 편지에서도 그 정신을 버리지 않았다. 조희룡은 서울 집에 돌아온 뒤에 유배지에서 쓴 편지들을 묶어 《수경재해외적독壽鏡齋海外赤牘》이란 이름을 붙였다. 적독赤牘은 척독尺牘과 같은 어휘다.

조희룡의 편지글은 짧으면서도 훈훈한 인간미와 뛰어난 묘사, 자연과 예술에 대한 통찰을 담고 있어, 조선시대 예술가가 인생에 대해 펼쳐놓은 상념의 세계를 음미할 수 있다.

조희룡의 편지처럼 많은 선비들의 척독은 시시콜콜한 정보를 떠나서 아름답고 정취가 있는 문학으로 읽힌다. 대부분 문집 속에 묻혀 있거나 편지 더미 속에 버려져 있다. 옛사람 사이에 오고 간 짧은 편지는 어떤 문학 형식보다 친근하게 우리들의 마음에 다가온다.

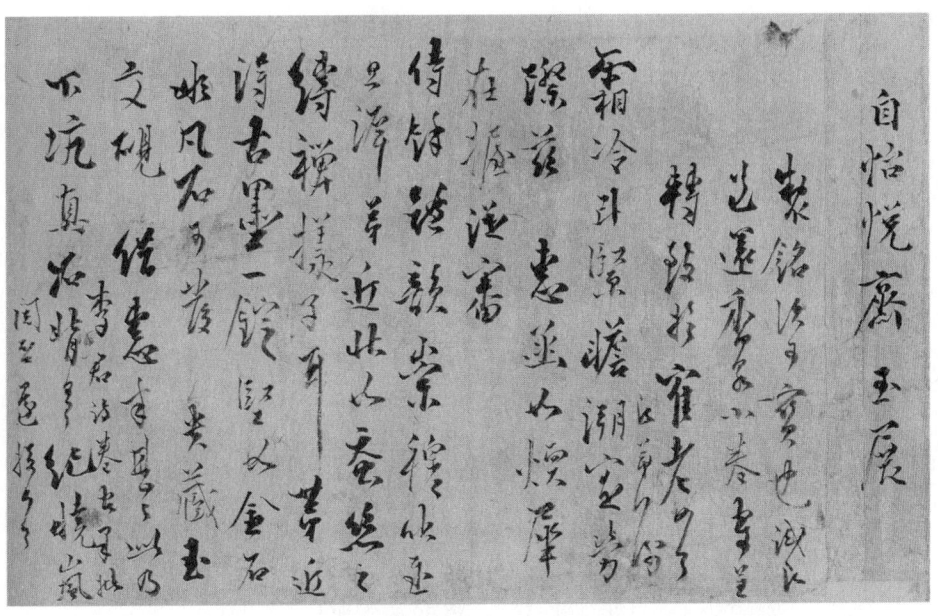

조희룡이 자이열재自怡悅齋에게 보낸 편지 31.2×50.9cm, 현계정사
단단한 벼루를 갈기 위해 자이열재가 소장한 옥문연玉文硯을 빌려달라는 내용이다. 글씨와 내용이 조희룡 특유의 개성이 살아 있는 편지다.

오늘은 세모라, 내 감회가 많이 생겨 붓꽃을 안주 삼아 들고 벼루 샘물을 술 삼아 길어올리니 마음의 향기 한 글자가 실낱같이 가늘고 희게 타오르는구나. 글을 잡고 신에게 고하노니 신령은 와서 흠향하시라!

*예산 김정희 종가 전래 붓(19세기)

제사를 올려 내 정신에게 사죄하다
문학의 신에게 바친 이옥의 제문

　매사에 전기轉機라는 것이 있다. 좋지 않은 상황에 처했거나 위기에 빠졌을 때 그 상황을 반전할 특별한 계기를 마련하려 사람들은 좋은 날을 가려 전기로 삼는다. 지난날의 자신과는 다른 새로운 자신의 모습을 그려본다. 아마 한 해를 마감하고 새로 한 해가 시작되는 날이 전기로 삼기에 가장 적합할 것이다. 옛사람들의 글에서도 심기일전의 기회를 마련하려는 노력이 자주 발견된다. 동짓날과 제야除夜에 쓴 시문이 특히 그러하다. 이 세시명절은 모두 묵은해와 새해가 교차하는 지점이기 때문이다.
　오늘날 젊은 사람들의 머릿속에 동짓날에 대한 이미지는 사라지다시피 했다. 오직 제야만이 묵은 것과 새 것이 바뀌는 날로 기억된다. 하지만 지난날 동짓날은 가장 큰 명절 가운데 하나였다. 음기陰氣가

극에 달한 그 순간 양기陽氣가 비로소 기지개를 켠다고 보았기 때문이다. 아세亞歲 또는 '작은설'이라고도 불린 동짓날부터 다음 해가 시작된다고 여겼을 정도다.

동짓날과 제야에 인생의 전기를 꿈꾸다

정조 때 이옥李鈺(1760~1813)은 동짓날과 제야에 인생의 전기를 꿈꾸는 글을 남겼다. 해를 넘기면 26세가 되는 1784년 제야에 이옥은 문학의 신神에게 제문을 올리고서 〈문신에게 올리는 제문祭文神文〉과 〈제야의 밤에 쓴 글除夕文〉을 지었다.

문신文神에게 제사를 올린다는 일 자체가 흥미롭다. 글쓰기를 관장하는 신령이 있다고 생각한 문인들은 그 신령을 문신이라고 했다. 문신에게 제사를 올리는 것은 당唐의 시승詩僧 가도賈島에서 유래한다. 그는 섣달 그믐날이면 한 해 동안 자신이 쓴 시를 모아 제단 앞에 두고 술과 포를 차려놓았다. 그 다음 문학의 신에게 제사를 올리며 "내 정신을 지치게 했으니 이것으로 보충하기 바라오"라고 기도했다.

왜 문학의 신에게 제사를 올렸을까? 제사를 받는 문학의 신은 작가 자신의 내면을 일컫는 다른 이름으로, 글을 짓느라 갉아먹은 자기 정신에게 사죄하는 의미로 제사를 올린 것이다. 좋은 글을 쓰기 위해 뇌력을 몹시 손상시킨 작가가 스스로 위안하기 위해 자기 자신에게 제사를 올렸다. 기이하지만 머리가 끄덕여지는 이야기다.

이옥이 문신에게 사죄하는 글을 올린 이유는 따로 있었다. 그는 태어나서 22년 동안 창작에 공을 들였으나 아무도 인정해 주지 않았다. 재능이 없어서도 아니고 노력하지 않아서도 아니었다. 별 능력도 없고 노력도 않는 이가 더 좋은 평가를 받으며 문단에서 활개를 치고 있었다. 하지만 이옥은 인정받지 못했다. 그래서 그는 이렇게 썼다.

 오늘날 세상 돌아가는 꼴을 들여다보았다. 박학하다고 칭송이 자자한 이가 있어 그에게 질문을 던졌더니 독 속에 들어앉아 별을 세는 꼴이었고, 사부詞賦와 고문古文을 잘 짓는다고 알려진 이가 있어 글을 뽑아 읽어보았더니 남의 글을 훔쳐내어 흉내내는 꼴이었으며, 시문時文에 능하여 과장科場에서 기예를 뽐내는 이가 있어 구해다 감상하여 보니 모두 허수아비를 꾸며 저잣거리에서 춤추게 하는 꼴이었다.
그럼에도 글 솜씨에 힘입어 저들은 모두 큰 도읍에서 명성을 날리고, 태평성대에 활개를 치고 있다. 살아서는 과장과 관각館閣에서 솜씨를 발휘하며 여유를 부리고, 죽어서는 또 글이 목판에 새겨지고 빗돌을 수놓았다. 몸은 죽어도 문장은 죽지 않는다. 낮은 것도 그들이 쓰니 높아지고, 자잘한 것도 그들이 쓰니 크게 되어 모두들 자신의 문신文神을 저버리지 않았다. 유독 나만이 그렇게 하지 못하는 것이었다.
제 아무리 술을 마시듯 경서에 탐닉하고, 여자를 탐하듯 서책에 빠진다 하여도 마찬가지다. 눈과 귀에서 놓친 것을 손으로 베껴 공부하여도 나를 박학하다고 칭찬하는 사람 하나 없고 마을의 멍청한 아이들조차 도리어 모욕한다.

불우한 문인의 영혼을 제 스스로 달래다

　세상은 정말 부조리하기 짝이 없다. 자기는 아무리 좋은 글을 지어도 세상 사람들에게 무시당하는데, 세력이 있는 사람은 형편없는 글을 써도 인정받는다. 이런 괴리를 눈앞에 두고 그는 절망했다. 문학을 업으로 삼아 제 문신文神을 괴롭혔음에도 결과가 좋지 못한 점이 문신에게 더없이 미안했다. 남들은 문신을 고생시키면 출세해 보답을 하는데 자신은 문신을 혹사시키면서도 보답을 하지 못한다. 얼마나 미안한 일인가? 어찌 좌절하지 않을 일인가?
　하지만 그는 절망을 거두고 소망했다. 섣달 그믐날을 전환의 기틀로 삼아 남들의 인정을 받는 글을 한번 써보겠다고 다짐했다.

　아! 똑같은 봄이건마는 연꽃과 국화를 만난 봄은 반드시 머뭇머뭇하며 꽃을 피우기 어려우니 일찍이 피는 오얏꽃에 비교할 수 없다. 이것이 어찌 봄의 잘못이랴! 연꽃과 국화가 봄을 저버린 결과다. 가만히 생각하니 낯이 뜨겁고 창자에 열이 나서 차마 더 말을 늘어놓을 수 없다. 바라건대, 그대 문신은 나를 비루한 놈이라 여기지 말고 바보 같은 성품의 나를 한 번 더 도와서 예전 습성을 씻어버리게 해달라. 내 비록 불민하나 새해부터는 조심하여 그대를 저버리지 않도록 노력하리라.

오늘은 세모라, 내 감회가 많이 생겨 붓꽃을 안주 삼아 들고 벼루 샘물을 술 삼아 길어올리니 마음의 향기 한 글자가 실낱같이 가늘고 희게 타오르는구나. 글을 잡고 신에게 고하노니 신령은 와서 흠향하시라!

글을 쓰되 남에게 인정받지 못하는 것은 문신의 잘못이 아니라 모두 나의 잘못이다. 부디 지난 날의 나를 용서하고 인정받는 작가가 되기 위해 노력하는 모습을 지켜봐달라고 했다. 새해부터는 새롭게 글을 써보겠다고 문신 앞에서 다짐한 것이다.

이옥의 글은 역설적이고 자조적이다. 글 쓰는 사람으로서 자의식이 매우 강했던 그였기에, 자신의 글쓰기가 시대와 불협화음을 일으키는 것에 대해 오직 자기 영혼에게만 하소연하고 있다. 제야에 불우한 문인의 영혼을 제 스스로 달랠 수밖에 없었던 26세 청년 문사의 괴로운 마음이 처량하게 느껴진다.

그러나 심기일전해 세상 사람들에게 인정받는 글을 쓰겠다던 이옥의 소망은 이뤄지지 못했다. 실현은커녕 저 글을 쓴 지 8년 만인 1792년, 정조 임금이 그가 쓴 문장을 보고 '불경스럽고' '괴이한 문체'라는 혹평을 내려 유배까지 당하게 되었다. 이옥은 당시 세상에 통용되던 고문古文이란 문장과는 내용도 문체도 다른 소품문小品文을 구사했던 것이다. 그는 정든 고향 수원을 떠나 삼가현三嘉縣(지금의 합천)으로 유배를 갔다. 자신만의 문체를 고집하다 간절한 바람과는 달리 엉뚱한 결과를 낳고 만 것이다.

축원의 글, 희망 속에 절망을 숨기다

이옥은 유배지에서 동지를 맞아 〈동지축冬至祝〉란 글을 썼다. 동짓날이 되자 울울한 심사를 풀 길이 없던 그는 색다른 방법을 고안해내 음양이 교차하는 날 절망을 희망으로 바꾸는 축원의 글을 다시 쓴 것이다.

이옥은 우선 나라와 왕실의 안녕을 축원해 "바라건대, 우리 국가가 만세토록 태평하소서. 바라건대, 우리 대왕 전하께서는 더욱 성인이 되셔서 천세 천세 천 천세를 누리소서. 바라건대, 우리 대비마마, 중전마마 아울러 천세를 누리소서"라고 글머리를 시작하고는 이어 세자와 부모, 형제 및 친지에게 차례로 축원의 글을 바치고, 나아가 농사가 잘되고, 처자식도 탈 없이 지내기를 골고루 축원했다. 마지막으로 자기 자신에게도 축원의 말을 빼놓지 않았다.

제 경우에는 나라의 은혜를 입어 유배에서 풀려나 부모님 곁에서 즐겁게 맡은 일을 다하며, 밤이 다하도록 잠을 푹 자고, 해가 뜨면 밥 먹고, 일 년 내내 문밖을 나가지도 않고, 나지도 않고 죽지도 않은 채 두루뭉술하게 살기를 바랍니다. 하늘이 백성을 긍휼히 여겨 백성이 원하는 것은 꼭 들어준다고 하오니 감히 지극한 소원을 사뢰어 하늘에 호소합니다.

자신에게 축원한 내용은 평범하기 그지 없다. 고향에 돌아가 일하고 잠 잘 자고 밥 잘 먹는 것 외에 바깥 출입을 전혀 하지 않는 것이 그의 전 소망일 뿐이다. 소망 같지 않은 소망이다. 그러나 내용을 음미해보면, 은연중 뒤틀린 심사와 불평이 숨어 있다. 이제는 문학에 대한 기대마저 사라졌다. 그는 자신의 문학으로는 사회적 성공을 기대할 수 없으며 오히려 문학은 인생을 힘들게 할 뿐이라고 판단한 듯하다.

이옥은 자식에 대해 "바라건대 우리 아이는 몸은 건강하여 재앙이 없고, 뜻은 성실하여 바뀜이 없고, 글의 경우에는 아둔하여 재주가 없기를 바랍니다"라는 소망을 빌었다. 아들이 글재주가 없기를 바라는 기원에는 글재주로 인해 배척받은 자신의 처지를 씁쓸하게 되뇌이는 그의 심사가 느껴진다. 관례대로 글을 쓰지 않았다는 이유로 추방당한 아비 꼴이 되지 않기를 바라는 고심의 밑바닥에 자조적 언사가 깔려 있다. 그가 국가와 왕실을 격식을 갖추어 축원한 것은 일종의 요설饒舌이었을 것이다. 독특한 개성을 지닌 한 문인이 남긴 우울한 세모의 정념이 지금도 우리 가슴에 살아 쓸쓸한 여운을 남긴다.

고상한 사람 예술가를 찾아 헤매니
그림과 글씨에 미친 나는 정말 바보야
하루 종일 우스개로 배꼽쥐고 뒹굴어도
공놀이 하는 사자의 뜻인줄 누가 알리오.
— 박제가, 〈회인시〉

*청나라 화가 나빙羅聘이 그린 박제가의 초상화

그리운 이에게 바치는 오마주
박제가와 조희룡의 회인시

 문학은 사람에 대한 그리움을 담아내기 좋은 그릇이다. 그리움을 마음에 담아두어도 몇 십 년을 간직하기는 어렵다. 그림이나 사진에 담아둔다 해도 언제 사라질지 모르는 일, 비석에 새겨 오래 보존하기를 바라지만 먼 옛날의 하고많은 빗돌 가운데 남아 있는 것은 과연 몇이나 될까? 그리움을 담기에 편리하고도 오래 갈 것이라곤 문학이 있을 뿐이다. 작품성이 뛰어나면 시대를 초월해 후대에까지 그 마음이 남겨지는 행운도 얻는다.

박제가의 회인시 둘
 그리운 친구와 가족은 한둘이 아니므로 옛 시인들은 회인시懷人詩

라 하여 적게는 수십 수에서 많게는 100여 수가 넘는 연작시를 지었다. '그리운 사람의 시'라는 뜻을 지닌 회인시를 쓴 대표 시인은 박제가朴齊家로, 그로부터 하나의 풍습으로 자리잡기 시작했다. 20대 젊은 시절 박제가는 동시대를 살던 조선의 학자와 문인, 예술가 가운데 존경하고 좋아하는 사람을 골라 그 사람의 인생을 노래하기도, 자신과 얽힌 일화나 우정을 소개하기도 했다. 《무예도보통지武藝圖譜通志》를 저술한 저명한 무인이자 이덕무의 처남인 백동수白東修를 그리며 이런 시를 썼다.

시절이 태평하여 농사나 즐기는 장사는	時淸壯士樂躬耕
식솔을 이끌고 기린협 골짝으로 떠났네	盡室麒麟峽裏行
내린 눈이 녹지 않은 지난 겨울 언젠가	聞道前冬殘雪後
매를 끌고 동쪽 고을 지평현을 지났다는데	携鷹東出過砥平

호방한 무인 백동수는 박제가와 절친한 벗이었다. 무예가 출중했지만 서출庶出이라 아무 벼슬도 못하고 곤궁하게 지내다 가족을 이끌고 강원도 인제 땅으로 낙향해 살게 되었다. 평화시대라서 출중한 무인이 농사 지을 일밖에 없다고 해 그의 불우함을 동정하는 한편, 그가 매사냥을 하러 서울 가까이 지평현까지 왔다는 소식을 들었는데 혹시 자신을 찾아오지 않을까 하며 그립고 아쉬운 여운을 드러냈다.

그는 강산薑山 이서구李書九를 그리워한 시도 지었는데 내용은 이렇다.

한바탕 풍류는 해외까지 퍼졌지만	一段風流海外存
십년토록 이덕무와 대문을 마주했네	十年長對炯菴門
강산이 냉정하다 다들 말하는 것은	他人盡道薑山冷
밤새 나눈 정담 장면 보지 못한 탓이지	不見霏霏半夜言

시인으로 중국에까지 이름이 알려진 강산이지만 10년 동안 이덕무와 종로에서 대문을 마주하고 살았다. 강산은 아주 냉정한 사람이라고 알려졌다. 하지만 그가 밤새도록 자분자분 정겨운 대화를 나누는 모습을 보면 그런 푸념이 쑥 들어갈 것이라고 했다. 강산이 실제로는 속이 아주 따뜻한 사람이라는 이야기다.

박제가의 회인시는 이렇게 그와 친하게 지내던 사람들의 특징과 깊은 내면을 간결하면서도 정확하게 포착해 묘사했다. 박지원, 이덕무, 유득공을 비롯해 강세황, 홍대용, 황윤석 등 그가 좋아하고 친하게 사귀던 사람들의 내면과 장기를 묘사했다. 그가 그리워한 사람들은 18세기를 대표하는 개성적 인물이 대부분이다. 유유상종이라고 해야 좋을 법하다.

흥미롭게도 작품 뒷부분에 중국과 일본의 학자, 예술가까지 포함시켰다. 비록 대면해 사귀지는 못했지만 먼 이국의 문학과 글씨, 그림에 감동해 그리워하는 마음을 시에 담았다. 박제가는 중국을 세 차례 여행하고 난 뒤 여행 중에 사귄 50명의 중국 지성인을 그리워해 또 속회인시續懷人詩 연작을 썼다.

벗을 그리워하는 시가 예로부터 수없이 창작되었지만, 회인시라 해 연작시를 짓는 관례는 오래되지 않았다. 그 연원은 지인을 추억하는 오군영五君詠(다섯 군자를 읊다)이나 존몰시存沒詩(죽거나 살아 있는 사람을 추억하는 시)에서 찾아볼 수 있다. 회인시를 본격적으로 쓴 대가는 청 초엽의 시인 왕사정王士禎이다. 왕사정 이후 장사전蔣士銓 같은 시인이 출현했고, 조선에서도 18세기 이래 회인시가 본격적으로 창작되기 시작했다.

불행에 빠졌을 때 정든 사람을 그리워하다

김신겸金信謙(1693~1738)이 나이 서른에 함경도 안변에 유배 가서 집안 친척들과 스승, 벗을 그리워하며 쓴, 106편으로 구성된 시집 《백륙애음百六哀吟》도 회인시의 일종이다. 집안 친척들이 대거 죽임을 당하거나 유배된 신임옥사辛壬獄事에 연루되어 그는 고향에서 멀리 떨어진 유배지에서 홀로 그리운 사람을 추억하며 사무치는 향수를 달랬다. 회인시를 쓴 시인들은 대체로 김신겸처럼 불행에 빠졌을 때 정든 사람을 그리워한 연작시를 썼다.

화가 조희룡은 1851년(철종 2년) 유배지 임자도에서 서울에 두고 온 스물두 명의 친구를 그리며 회인시를 썼다. 친구의 장점을 요약하기보다는 서로의 우정을 회상하는 내용을 즐겨 시에 담았다. 시인으로 이름난 동랑冬郞 한치원韓致元을 그리워하며 이런 시를 짓기도 했다.

우리는 본래부터 다정다감한 사람　　　　原來我輩在鍾情
뜬세상에서 그댈 만나 반갑기 그지 없었는데　浮世得君雙眼明
내 떠돌기 좋아하는 줄 그대는 아는가　　　知否生平好遊事
바다를 구경하라 하늘이 귀양보낸 게야　　　天敎看海有今行

　　　　　　（〈회인절구懷人截句〉 22수, 《우해악암고又海岳庵稿》）

　천생 다정다감한 사람들이라 서로 만나자마자 절친하게 지냈건만 곧 헤어지게 되어 아쉽다고 했다. 그는 왜 우리가 헤어져 지내는 줄 아느냐고 물었다. 자기가 떠돌아다니기를 좋아해 하늘이 일부러 이 바닷가로 유배를 보내 바다 구경시키는 것이라 했다. 은근한 익살이 담겨 있다. 친구가 그립지만 한탄하거나 불평하지 않고, 되레 잘 된 일이라고 스스로를 위로한다.

　천문학자로 유명한 남병철(1817~1863) 역시 32수의 회인시를 썼는데 그와 교유한 명사들의 특징을 잘 포착했다. 그 가운데 정약용의 아들이자 시인, 의사로 유명한 정학연을 그리워한 시가 있다.

가난과 역경을 골고루 맛보았거니　　　　　艱難險阻備嘗之
글자 하나인들 배고픔을 구한 적이 있던가요　一字何曾得救飢
독서한들 보탬 없는 걸 그제야 알고　　　　　始覺讀書無所益
희문希文이 이제는 의사가 되려 한다네　　　希文餘願作良醫

　　　　　　　　　（〈회인시〉 32수, 《규재유고圭齋遺藁》）

정학연은 다산의 아들이라 관직에 등용될 기회를 박탈당하고 한평생 빈한한 생활을 이어갔다. 하지만 그는 시인으로 명성이 높았고, 만년에는 의사로 명성이 자자했다. 그러한 정학연의 평생과 심사를 짤막한 한 편의 시로 그려놓았다. 이 시에서는 연민의 정이 배어난다.

이상적은 역관으로 청나라를 오가며 만난 85명의 프로필을 묘사했고, 김석준은 조선의 고관·학자·예술가에서 여항의 사우師友에 이르기까지 200여 명을 그리워하는 시를 지었다. 김석준은 1869년 그런 시들을 모아 《홍약루회인시록紅藥樓懷人詩錄》이라는 이름으로 출간했다. 이 시집에는 승려뿐 아니라 여사女史에 중국, 유구琉球, 일본의 인물까지 망라되었다. 그 가운데 화가 조희룡이 이렇게 묘사되어 있다.

우봉又峰(조희룡)은 그림도 잘하고 시도 잘하며   又峰工畫又工詩
흉중에 재기 많고 생각은 매인 데 없었지   磊砢胸中思不羈
붓 쓰기는 오로지 추사秋史의 법을 따랐으나   用筆專宗秋史法
종횡으로 휘두른 솜씨 사뭇 기奇를 발했네   縱橫亂抹轉多奇

조희룡이라는 한 화가가 일구어놓은 정신세계의 핵심을 잘 요약하여 드러내보였다. 그런 점에서 회인시는 매우 지적인 시이기도 하다.

회인시는 작게는 한 시인의 교유록이고, 넓게는 한 시대의 명사록名士錄이다. 지식인들의 개성과 지적 세계를 보여준다는 점에서 한 시대의 문화사라고 말해도 어긋나지 않는다. 관심의 폭을 넓혀 평민들까지 다루었다면, 하는 아쉬움이 남는다. 인간을 향한 따뜻한 사모의 정을 느낄 수 있다는 것이 회인시의 매력이다. 옛사람은 가고 없어도 따스한 정감은 아직 살아 있다.

남쪽 나라 벽옥碧玉 안경 쓰신
사랑방의 나이 드신 할아버지
등잔 앞에서는 한결 또렷또렷
안경갑에서 나오니 더욱 빛난다

*석류형 안경집과 안경(17세기)

어린이라면 누구나 좋은 시를 쓸 수 있다
박엽과 목만중의 '동몽시'

초등학교 다니는 아들이 가끔 동시를 쓰고 그림을 그리는 숙제를 하느라 끙끙댄다. 내가 저만 했을 때도 그랬다. 이는 수십 년 아니 수백 년이 지나도 변하지 않는 모습 중 하나다. 조선시대 어린이들은 지금 초등학생 이상으로 자주 시를 쓰지 않을 수 없었다. 다른 점이 있다면, 옛 어린이들은 당시의 풍습대로 한시를 썼다. 그렇게 어린이가 쓴 한시를 동몽시童蒙詩라고 불렀다. 지식이 별로 많지 않은 어린이를 그때는 동몽童蒙이라 불렀으니 동몽시란 현대의 동시에 해당한다.

율곡 이이, 백사 이항복, 다산 정약용 등 저명한 학자와 정치가들이 쓴 동몽시는 유명하다. 그들이 어릴 적에 쓴 시에는 훗날 나라의 기둥이 된 위인의 기상이 살아있다고 해서 주목을 받았다.

율곡은 여덟 살 때 경기도 파주에 있는 화석정花石亭에서 "산은 외롭게 떠오를 달을 토해 내고, 강물은 일만 리를 달릴 바람을 머금었 네山吐孤輪月, 江含萬里風"라는 시를 지었다. "외롭게 떠오를 달"에서는 보통 사람들 위에 솟아 있는 위인의 미래를, "일만 리를 달릴 바람"에서는 조국의 앞날을 헤쳐나가는 지사의 모습이 그려진다. 국가의 장구한 안녕을 위해 꿋꿋하게 역사를 헤쳐갈 어른 율곡의 앞날이 여덟 살 때 지은 시에 암시되어 있다고 사람들은 믿었다.

어린이에게는 죽은 것도 살아 움직인다

지금은 잊혀진 인물이지만 광해군이 신임하던 박엽朴燁이란 무인 역시 동몽시를 남겼다. 평양감사로 청의 침략을 든든하게 막은 인물인데, 아쉽게도 인조반정 때 광해군의 심복이라 하여 처단되었다. 어린 시절의 그는 재치가 넘치면서도 참신한 시를 지었다. 그 할아버지가 어느날 등불을 켜라고 하고는 그에게 시를 한번 지어보라고 했다. 박엽이 즉석에서 시를 지었는데 그중 한 구절만 남아 전한다.

등불이 방 안으로 들어오자
밤은 밖으로 나가네　　　　　　　　　　燈入房中夜出外

소년의 깨끗한 영혼에 비친 현상이 자연스러우면서도 재치있게 표현된 구절이다. 어린이에게는 죽어있는 사물도 모두 살아서 움직임을 이 구절은 보여준다.

어릴 때부터 시를 쓰는 것이 교양의 하나였기에 조선시대의 동몽시는 적지 않게 남아 있다. 아이들에게는 한시의 엄격한 격식을 강요하지 않았다. 자기 생각을 최대한 자유롭게 쓰면 된다는 생각에서였다. 그래서인지 동몽시에는 성장한 이후의 시에서는 흔히 찾아볼 수 없는 재치가 반짝인다. 이홍미李弘美가 여덟 살 때 쓴 〈반달〉을 보자.

반쪽 없는 흰 달이라	半缺氷輪
동그라미 찌그러져	影不成
많은 별이 반짝반짝	衆星磊落
밤하늘을 수놓았네	暮光爭
거울 깨져 두 쪽 되고	鏡分兩端
두 쪽 모두 날아간 뒤	雙飛去
어느 하늘 복판에서	別有何天
반쪽 달은 빛나려나	一片明

시대와 지역을 초월한 보편성, 동심

공중에 뜬 반달을 보고서 나머지 반쪽 달은 어느 하늘에서 빛을 내고 있을까 묻는 시다. 홍만종의 《소화시평小華詩評》에 실려 있는 이 시는 착상도 표현도 어린이답다. 문자의 차이는 있을지언정 동심은 시대와 지역을 초월한 보편성을 갖고 있다.

정조 때의 명신인 여와餘窩 목만중睦萬中(1727~1810)은 어려서부터 신동으로 알려졌다. 열두 살 때 그의 할아버지가 '안경眼鏡'이란 제목을 주고 시를 지어보라고 했더니 그는 말이 떨어지자마자 시 한 편을 뚝딱 지어냈다.

남쪽 나라 벽옥碧玉 안경 쓰신	南國碧玉鏡
사랑방의 나이 드신 할아버지	高堂白髮年
등잔 앞에서는 한결 또렷또렷	向燈逾歷歷
안경갑에서 나오니 더욱 빛난다	出匣更娟娟
눈동자 밖의 천지는 크게 보이고	膜外乾坤大
양미간 사이엔 해와 달이 걸려 있네	眉間日月懸
책상 옆에 쌓아놓은 만 권의 책	床頭萬卷在
늙은이 눈은 네 힘을 빌려야지	老眼爾多權

당시에는 안경이 매우 귀했다. 특히 중국과 일본에서 수입해 온 안경은 독서하는 사람들이 매우 귀하게 여긴 물건이었다. 여기서 안경은 실제로는 돋보기다. 여와의 할아버지가 일본에서 수입한 안경을 쓰고 손자에게 시를 써보라고 했던 것 같다. 시의 주제는 할아버지께

서 안경이 있어 수많은 책을 선명하게 읽을 수 있다는 것.

초등학교 5학년 정도의 여와가 쓴 시에는 천부적 재능을 엿볼 수 있는 구절이 있다. 안경을 쓴 할아버지의 모습을 묘사한 다섯째 여섯째 구절을 보자. 안경을 쓰자 천지가 커다랗게 보인다, 양미간 사이에 해와 달이 둥그렇게 걸려 있다는 표현이다. 돋보기를 썼기에 당연히 사물이 확대되어 잘 보이는데, 여와는 건곤乾坤이 크게 보인다고 했고, 두 짝의 돋보기 알을 해와 달이 걸려 있는 것이라고 해석했다. 재치 있으면서도 스케일이 큰 묘사이다. 이름난 문장가와 고관이 될 훗날의 모습을 이 두 구절에서 찾는 것도 무리는 아니다.

정창주鄭昌胄가 지은 시로 알려진 〈눈〉을 보자.

밤도 안 됐는데	不夜
일천 봉우리에는 달이 떴고	千峰月
봄이 아닌데도	非春
일 만 나무에는 꽃이 폈네	萬樹花
하늘과 땅 사이에	乾坤
오로지 검은 점 하나	一點黑
성곽 위로 날아가는	城上
까마귀 한 마리	暮歸鴉

눈이 내린 뒤 온 천지가 하얗게 변했다. 눈을 직접 언급하지 않고 산 봉우리와 나무가 하얗게 눈으로 뒤덮인 풍경을 재치 넘치는 시어로 표현했다. 더욱이 성곽 너머로 날아가는 검은 까마귀는 온통 흰색으로 뒤덮인 세상과 강한 대조를 이룬다. 이 정도면 좋은 작품이라고 할 수 있다.

이덕무, 동심을 지키는 것이 시인의 본분

뜻밖이긴 하지만 어른들도 동몽시의 느낌을 살려 한시를 지었다. 현실에 묻혀 사는 생활인에 비해 시인은 동심을 많이 간직한 존재라는 생각은 예나 지금이나 변함이 없다. "시인이란 어린이의 마음을 잃지 않은 사람이다. …… 시의 오묘함은 모두 어린아이의 말이 있는가에 달려 있다"라고 《성수만록醒睡漫錄》에서 말한 이유가 여기에 있다. 동심은 좋은 시인으로 성장할 수 있는 힘이 된다.

정조 때의 저명한 학자이자 시인인 이덕무李德懋는 동심을 지키는 것이 시인의 본분이라며 어린이라면 누구나 좋은 시를 쓸 수 있다고 했다. 세상을 알고 물질에 욕심내면서 동심을 잃게 되고 그 결과 시인의 자질도 망가진다는 것이 그의 소신이었다. 그는 작위가 없는 어린아이의 천진함과 처녀의 진실함을 시가 가야 할 지향점이라고 하여 자기 시집을 '어린이와 처녀를 지향하는 시집'이라는 뜻의 《영처고嬰處稿》라고 이름붙였다. 그런 그가 따뜻한 봄날 놀이에 열중한 아이들을 관찰하고 〈봄날 놀이하는 아이들을 구경하고〉라는 동시를 썼다.

김씨네 동쪽 마당	金氏東園
백토 담에는	白土墻
복사나무 살구나무	甲桃乙杏
사이좋게 늘어섰네	併成行
버들피리 불어대고	柳皮觱栗
복어 껍질 북을 치며	河豚鼓
어깨동무 어린애들	聯臂小兒
나비 잡느라 허둥대네	獵蝶忙

현대의 동시 같은 느낌이 배어나온다. 시가 그린 풍경도 그렇고 천진스런 표현도 마냥 그렇다. 어린이의 한시와 동심을 표현한 어른들의 옛 시를 감상하노라면, 옛 어린이의 삶이며 정서가 생생하게 다가오는 느낌이다.

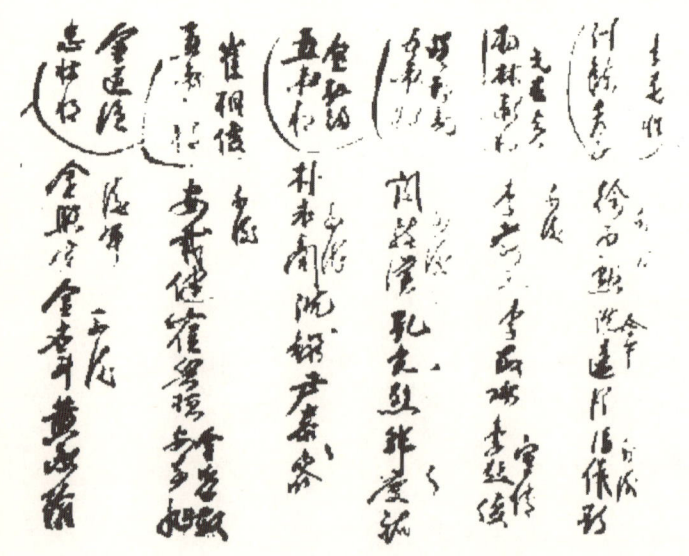

사람들이 활자를 새겨 조보를 인출하여 각 관아와 외방의 경저리, 사대부에게 판매했다. 이 조보를 본 사람들이 모두 편리하게 여겼다. 시행된 지 여러 달이 지나 하루는 상감께서 우연히 이를 보고 진노하시어 "조보를 간행하는 것은 사사로이 사국을 설치하는 것과 무엇이 다르냐? 만약 이것이 다른 나라로 흘러들어간다면 나라의 좋지 못한 일을 드러내어 선전하는 것이다"라고 하셨다.

*조보, 개인 소장

도덕적 기준으로 남의 글을 재단하다
조선시대의 필화 사건

어느 시대 어느 나라든지 사상과 문화에 대한 검열이 존재한다. 조선시대라고 예외일 수는 없다. 제도적 장치도 나름대로 정비되어 있었지만 체계적이고 예민한 자율 검열 시스템이 아주 잘 가동되었다. 더구나 조선 사회는 유학과 윤리도덕을 통치 이념으로 삼았으므로, 출판과 독서에 그 이념을 강제하는 것은 자연스러운 일이었다. 유학 외의 이념을 선전하거나 비윤리적인 사실을 미화하는 것은 불가능에 가까웠다. 예를 들어, 도덕적으로 사악한 인간을 호의적으로 묘사하는 행위, 다른 말로 놀부와 같은 인간을 두둔하는 문학이 가능할 수 있었을까? 절대 불가능하다는 것이 나의 판단이다. 독자나 관아에서 검열하기 이전에 저자 스스로 엄격한 검열에 나서기 때문이다. 그런 검열 장치는 작품의 외설 여부를 묻는 데 가장 잘 작동되었다.

스스로 엄격한 검열에 나서다

1649년에 간행된 심희수沈喜壽의 문집 《일송집一松集》에는 〈장난삼아 지어본다戱如수〉라는 제목의 시가 실려 있다.

아침마다 계집종을 희롱하며	朝朝弄侍婢
집 사람이 알리라곤 생각지도 않았는데	不謂室人知
어쩌다가 쓸데없이 소식이 새나가	偶泄閒消息
하얗게 센 백발이 부끄럽구나	還慙白髮垂

심희수가 누군가? 선조 연간에 좌의정을 지낸 관료이자 문인이다. 나이든 선비가 아침마다 밥상을 들고오는 계집종을 희롱하는 데 재미 붙였던 모양이다. 설마 부인이 알랴 생각하며 즐기다 결국 들키고 말아 "늙은이가 주책도 없다"는 등 싫은 소리를 실컷 들었다. 이 시는 그렇게 민망스러워하는 모습을 희화적으로 묘사했다. 제목도 장난삼아 지어본다고 했으니 겸연쩍어하는 모습이 눈에 선하다.

조선시대 선비 하면, 으레 근엄한 모습을 연상하는 현대인들에게는 다소 의아할 수도 있겠다. 하지만 사실 이런 작품을 쓰지 못할 것이 없다. 글쓴이는 '장난'이라는 단서를 붙여 시를 읊었다. 장난삼아 쓴 시이니 진지함과 엄격함의 잣대를 들이대어 판단하지 말라고 부탁한 것이다. 그러니 독자들도 '장난'의 관점에서 가볍게 보는 것이 옳다.

그러나 당시 독자들은 그런 '장난'이라는 전제를 달았다고 해서 대충 보아 넘기지 않았다. 이 시를 발견한 숙종 연간의 학자 남태응南泰膺은 시가 외설에 가깝다며 따지고 들었다. 더 나아가 시를 쓴 사람도 문제지만 문집을 간행할 때 이를 삭제하지 않은 편집자의 책임이 더 무겁다고 비판했다.

그런데 '외설적' 시를 쓴 이가 심희수만이 아니라는 데 문제의 심각성이 있다. 남태응은 중종 연간의 저명한 유학자 강유선康惟善의 문집에서 〈촌 아낙네와 몰래 간통하는 시村婦潛奸詩〉를 찾아내어 말이 너무 음란하고 외설스러워 똑바로 쳐다볼 수 없다고 호되게 비판했다. 남태응은 올바른 군자가 어떻게 이런 시를 쓸 수 있느냐고 묻고, 시를 보면 그가 단아한 선비가 아님을 알 수 있다고 단정해 버렸다. 윤리의 삼엄한 기준을 문학에 적용하는 태도가 역력하다.

이처럼 엄한 도덕적 기준으로 남의 글을 재단한 사람은 남태응 한 사람에 국한되지 않았다. 당시에는 다들 그런 기준밖에 인정하지 않는 분위기였다. 여기서 눈치 챌 수 있다시피 외설적인 작품을 창작할 수는 있지만 그것을 문집에 실어서는 안 된다는 것이 통념이었다. 문집이란 한 개인의 글 가운데서도 올바르고 뛰어난 정수를 담아 후세에 전하는 것이므로 사악한 내용이 들어가서는 안 된다고 생각했다. 만약 들어 있다면 삭제하는 것이 문집 편찬자의 책무였다. 문집을 간행할 때 편집자가 개입하는 것은 너무도 당연한 일이었으며, 이는 원전을 '개악' 하는 것이라기보다는 '개선' 하는 것으로 인정받았다.

심희수가 쓴 문제의 시는 문집에 그대로 실려 있지만 강유선의 시는 문집에서 사라졌다. 강유선의 문집을 다시 간행할 때 편집자가 삭제했음이 분명하다. 외설스런 시가 정인군자正人君子에게 흠이 되는 것을 막기 위해 편집자가 '자체 검열'을 가했던 것이다.

이런 사례는 어렵지 않게 더 찾아볼 수 있다. 조선 중기의 저명한 시인 백광훈白光勳의 시집 《옥봉집玉峯集》은 1608년에 간행됐는데 거기 실린 13수가 문제가 되었다. 1742년에 간행된 시집에서 이들 시는 다른 시로 대체되었다. 남녀 간의 애정을 묘사한 젊은 시절의 작품이 삭제되고, 점잖다 못해 근엄한 시들이 삭제된 자리를 비집고 들어갔다. 편집자의 검열과 첨삭으로 백광훈의 본래 면모는 무척 달라졌다. 그런 점잖은 일을 수행한 편집자는 다른 사람이 아니라 백광훈의 후손이었다. 그나마 백광훈의 경우는 편집 전의 시집이 전하기 때문에 본래의 모습을 회복할 수 있어 다행이다. 다른 작가들의 경우에는 많은 문제작이 검열의 칼날에 흔적 없이 사라졌다.

더욱 가관은 남들이 검열하기 전에 작가 스스로 외설스러운 작품을 원고에서 제외하는 관습이 있었다는 점이다. 하지만 어디 외설에만 검열의 칼날을 댔겠는가? 온갖 잣대가 조선시대 문학의 테두리를 규정했다. 어느 시대든 사상과 문화에 대한 검열이 존재하기 마련이지만 조선시대 문학에서는 이러한 검열이 정말 광범위하게 적용되었다. 유감천만이다.

낙발 시비를 낳은 율곡의 과거

　조선시대에는 글의 내용을 둘러싸고 선비들 사이에서 시비가 끊이지 않았다. 율곡栗谷 이이李珥의 글도 논쟁거리가 된 적이 있었다. 알다시피 율곡은 조선을 대표하는 유학자로, 생존 당시부터 현재에 이르기까지 따르고 존경하는 사람이 많다. 율곡의 사람됨과 업적에 비추어볼 때 그럴 법한 일이다. 하지만 그에 대한 존경심이 지나치다 못해 우상화 지경까지 이르러 터무니없는 사건이 일어나기도 했다. 조선시대 당론黨論의 영향이 아닐 수 없다. 그의 낙발落髮(머리를 깎고 중이 되는 것)과 관련된 사건과 갈등이 사소한 듯하면서도 중요한 사례일 것이다.

　관직에 오르기 전 율곡은 잠시 승려 생활을 했다고 전한다. 계모와의 심한 갈등 때문에 세상을 버리고 승려가 되었는데, 그 이력이 늘 문제가 되었다. 지금이라면 얼마든지 그럴 수도 있다고 넘어갈 일이겠지만 선비의 순수성에 집착하는 그 시절에는 그 이력은 치명적 결함이었다. 특히 율곡과 서인西人을 비판하는 사람들은 그의 승려 경력을 정치적 공세의 빌미로 삼았다. 그래서 서인 학자들은 율곡이 머리를 깎은 사실에 늘 예민하게 반응했고, 그 사실을 숨기느라 열을 올렸다. 이 사안은 율곡 사후 오래도록 많은 문제를 야기했다.

　정치색과는 무관한 시선집인 허균의 《국조시산國朝詩刪》에까지 그 불똥이 튄 것은 그러한 강박관념의 소산이었다. 조선시대의 한시를 뽑아 비평한 《국조시산》은 누구나 인정하는 빼어난 시선집이었다. 하지만 허균이 역적으로 몰려 죽었기 때문에 아무도 이 책을 간행하려

들지 않다가, 숙종 때인 1697년에 들어서야 전라관찰사 박태순朴泰淳이 용감하게 나서서 목판으로 간행했다. 그런데 문제가 발생했다. 김창집金昌緝이 훼판毁板(목판을 해체해 다시 찍지 못하도록 하는 행위)을 요구하는 자가 없음을 개탄했고, 마치 그에 응답이라도 하듯 오언석吳言錫을 비롯한 호남 유생 300명이 임금에게 상소문을 올렸다. 율곡이 한때 낙발했음을 입증하는 시를 수록해 선현을 모독한 불경한 책이므로 판각을 주도한 박태순을 죄주고 당장 훼판하라는 요구였다. 문제가 된 율곡의 〈처음 산을 나서서 심장원에게 주다〉는 다음과 같다.

소매 부여잡고 헤어진 지 몇 해던가	分袂東西問幾年
속내를 털어놓으려니 마음이 아득하다	欲陳心事意茫然
전생은 분명 김시습金時習이건만	前身定是金時習
현세에도 여전히 가낭선賈浪仙 신세	今世仍爲賈浪仙
봄비 내린 뒤라 산새는 우짖는데	山鳥一聲春雨後
석양녘 강마을은 천리에 뻗어 있네.	水村千里夕陽邊
만나고 헤어짐은 모두가 하릴없는 것	相逢相別渾無賴
뜬구름만 푸른 하늘에 점점이 박혀 있네	回首浮雲點碧天

환속하는 길에 인생의 무상함을 친구에게 토로한 작품이다. 3, 4구에서 전생에는 김시습이었고, 현세에는 가낭선이라고 했다. 김시습은 선비와 승려의 행적을 반복했던 사람이요, 가낭선은 당나라 때의

유명한 시인이자 승려였다. 두 사람 모두 선비와 승려의 행적을 오간 인생 경력을 가졌다. 이 시가 율곡의 작품이라고 한다면, 율곡 스스로가 선비와 승려의 행적을 오갔음을 고백한 명확한 증거물이 된다. 이런 내용을 담고서는 율곡의 문집에 실릴 수 없었다.

 서인들이 그 사실을 모를 리가 없다. 당연히 《율곡집》에는 이 시가 실려 있지 않다. 그들은 문집에 실려 있지도 않은 이 시를 역적 허균이 율곡의 행적을 왜곡하기 위해 의도적으로 조작해서 《국조시산》에 수록했다고 주장했다. 호남의 유생들이 썼다고 하는 이 상소문을 실제로 작성한 이는 김만기金萬基의 아들 김진규金鎭圭였다. 바로 서인 강경파의 대변자 김만중의 조카다. 서인들의 강력한 요구에 결국 《국조시산》의 판목은 훼판되었고, 박태순을 파직하는 선에서 결말이 났다.

 이 시는 이러한 일이 생기기 전에도 정치적으로 시비거리였다. 광해군 때 허균이 역적으로 몰려 죽임을 당한 이유 중의 하나가 이 시를 《국조시산》에 실었다는 것이다. 허균이 처형되는 데 이 시가 한몫을 했다. 따라서 허균은 서인들에 의해 다시 한 번 필화를 당한 셈이다.

 그렇다면 정말 이 시는 율곡의 작품이 아니란 말인가? 허균 이전에 이미 이 시를 율곡의 작품으로 인정한 사람이 있었기에 허균이 모든 잘못을 뒤집어쓰는 것은 억울한 일이다. 《명종실록》 19년 8월 30일 기사에는 "이이가 소년 시절 아버지의 첩에게 시달림을 당하여 집을 나가 산사를 전전하다가 오래 되어서야 집으로 돌아왔다. 혹자는 그가 머리를 깎고 중이 되었다고 한다. 그가 지은 시에 '전생은 분명 김시습이건만 현세에서도 여전히 가낭선 신세로다' 가 있다"는 언급이 있다. 실록에도 율곡의 시로 올라온 것이다.

사태의 연원을 따져보면, 허균의 형인 허봉許篈과 율곡 사이에 벌어진 정치적 알력이 원인이었다. 그렇다고 허균이 근거없이 율곡을 욕보이기 위해 《국조시산》에 일부러 위작을 넣었다고 믿을 수 있을까만은 허균에게 누명이 씌워지고 말았다. 율곡이 낙발했을 가능성은 김진규의 고조부이자, 율곡의 제자인 사계沙溪 김장생金長生도 인정했다. 장유張維는 《계곡만필》에서 율곡의 낙발을 두고 양편에서 왈가왈부하는 사실을 거론한 다음, "율곡이 이미 입산을 했다면, 낙발했는지 여부는 무모한 증거일 뿐이니 따질 필요조차 없다"고 했다. 이들도 율곡이 승려가 된 적이 있으며 당연히 낙발했을 것이라고 보았다. 서인 편을 대변하는 큰 학자들은 오히려 스스럼없이 인정했다.

낙발한 행적이 율곡의 위대함에 손상을 주지 않건만 허봉과의 악연 때문에 허균은 곤경에 빠지고 말았으니 씁쓸한 생각이 든다. 더구나 그 때문에 정치성이 없는 시선집까지 금서목록에 올리게 된 것을 보면, 교조적이고 맹목적인 선비들의 행태가 없지 않았다 하겠다.

1577년 조보 인출 사건

글 때문에 생기는 말썽이 조선시대에는 끝임없이 발생했다. 공적인 성격을 띤 조보를 둘러싼 사건도 그 가운데 하나다. 조보는 말 그대로 조정의 소식을 전하는 신문으로, 일종의 관보官報다. 구한말 《독립신문》이나 《한성순보》 같은 신문들이 발간되기 이전에 신문과 유사한 기능을 가졌던 매체라 해도 과언이 아니다. 사람들은 조보를 기별奇別이라고 했고, 저보邸報 또는 한경보漢京報라고도 불렀다. 조보에는 국왕의 동정부터 조정의 대소사를 비롯한 정치의 핵심 안건이 소상하게 실려 날마다 발행되었다.

이렇게 중요한 조보는 알아보기 힘든 난필亂筆로 필사되어 서울과 지방의 관아와 사대부들에게 전해졌다. '조보체' 또는 '기별 글씨'라는 표현까지 있었다. 난필로 작성한 이유는 빠르게 필사하지 않으면 주어진 짧은 시간 안에 내용을 베껴낼 수 없기 때문이기도 하지만, 국가 기밀을 외국인이 알아보지 못하도록 하려는 목적도 있었다.

반면에 비슷한 제도를 가진 명나라에서는 조보를 인쇄해 보급했다. 인쇄와 필사의 차이는 굳이 설명할 필요가 없을 만큼 현격하다. 명나라 측 사정은 조선에도 알려져 있었기 때문에 조보를 인출印出하려는, 즉 인쇄해 배포하려는 사람들이 없지 않았다. 그리되면 많은 사람들이 조보를 베끼느라 고생하는 수고를 덜게 되어 효율성과 경제성이 보장될 것이 틀림 없었다. 날마다 승정원 앞뜰에 수많은 아전들이 한꺼번에 몰려들어 조보를 베낄 때 빚어지는 소란은 비효율성의 극치였다.

일부에서 조보를 간행하려 시도했던 데는 다 그만한 이유가 있었다. 1577년 선조 10년 서울의 상인 30여 명이 조보를 인출해 생계를 꾸리겠다는 내용의 청원서를 의정부와 사헌부에 제출해 허가를 받았다. 한동안 그들은 조보를 활자로 인출해 경향의 각 관아와 사대부에 판매했다. 필사의 어려움도 없었고, 보기에도 편리했으므로 누구에게나 환영받았다.

그러나 사건이 터졌다. 인출을 시작한 지 몇 달이 지난 그 해 11월, 선조 임금은 우연히 인쇄된 조보를 발견하고는 진노했다. 국가 기밀을 누구나 쉽게 보도록 공개하여 외국에 유출시킬 통로를 만들었다는 것이 그 이유였다. 왕은 자신의 허락도 없이 조보를 간행한 데에는 배후가 있을 거라며 주동자를 색출하라고 의금부에 명령했다.

허가를 내준 사헌부와 사간원, 의정부 등에서는 상인들이 생계를 위해 한 일이므로 국가의 중대 죄인을 심문하는 의금부에서 다룰 일이 아니라며 상인들을 옹호했다. 선조는 더욱 화를 내어 "서책을 인출할 때는 모두 내 허락을 받은 다음 시행하라. 만약 마음대로 인출할 때에는 통렬히 죄를 다스리겠다"며 서적 출판까지 임금의 재가를 받도록 조치했다. 이어서 조보 인출용 활자를 몰수하고, 인출에 관계한 자들을 혹독하게 고문해 30여 명이 거의 죽을 지경에 이르렀다.

다음 해 1월, 조보 인출에 나쁜 의도가 없었다고 상주한 신하들의 간청에 못 이겨 선조는 다 죽게 된 인출자를 먼 곳에 유배 보내고 그 정도로 사건을 일단락지었다. 조보 인출에 긍정적인 입장이었던 율곡栗谷 이이李珥는 《경연일기經筵日記》에서 이 사건을 다음과 같이 요약했다.

만력萬曆 6년 2월. 이보다 앞서 서울 안의 일정한 직업이 없는 무리들이 중국에서는 지방에 통지하는 문서를 모두 인쇄하여 배포한다는 소문을 듣고 중국을 본받아 그 문서를 인쇄하여 판매함으로써 생계를 유지하려 했다. 조보朝報를 인출하여 각 관아로부터 값을 받아 생계를 유지하겠다는 청원서를 의정부에 제출하자 의정부에서는 그 청원을 허락했다. 그들이 또 사헌부에 청원하였는데 사헌부 역시 허락했다. 그 뒤 그 사람들이 활자活字를 새겨 조보를 인출하여 각 관아와 외방外方의 경저리京邸吏, 사대부에게 판매했다. 이 조보를 본 사람들이 모두 편리하게 여겼다. 시행된 지 여러 달이 지나 하루는 상감께서 우연히 이를 보고 진노하시어 "조보를 간행하는 것은 사사로이 사국史局을 설치하는 것과 무엇이 다르냐? 만약 이것이 다른 나라로 흘러들어간다면 나라의 좋지 못한 일을 드러내어 선전하는 것이다"라고 하셨다.

조보를 간행해 정보를 편하게 전달하려던 많은 사람의 뜻은 선조의 거부로 물거품이 되었다. 선조란 임금의 처사를 보면 한심하기 그지없다. 그 뒤 구한말까지 조보를 인쇄하자고 주장한 사람은 강세황姜世晃과 박제가朴齊家를 비롯한 일부 지식인에 불과했다.
실록에는 조보를 필사하기 위해 몰려든 사람들로 북새통이 된 승정원 뜰의 정경을 묘사한 기록과 소란을 피우는 사람을 벌주라는 명령이 하달되었다는 기록이 함께 보인다. 조보의 인쇄를 허락하지도 않으면서 필사하려고 몰려드는 아전을 벌로 다스린 모순된 조치를 보자니 답답함을 금할 수 없다.

도덕적 기준으로 남의 글을 재단하다 213

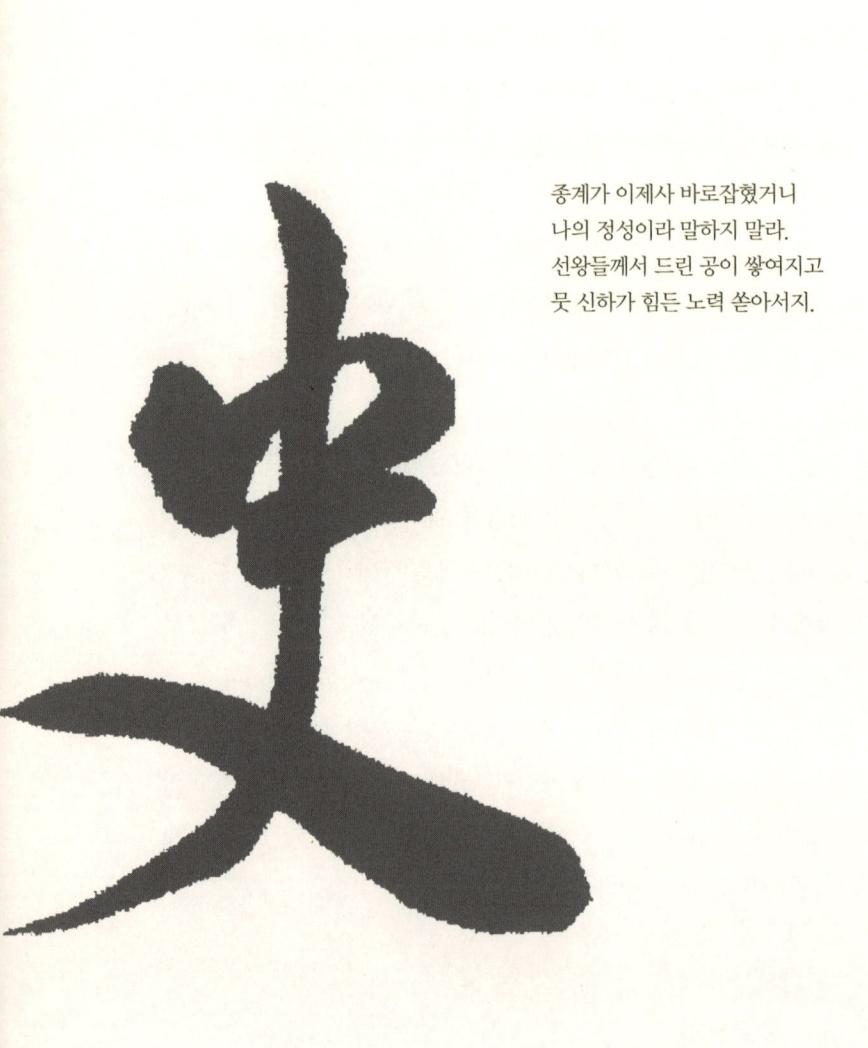

종계가 이제사 바로잡혔거니
나의 정성이라 말하지 말라.
선왕들께서 드린 공이 쌓여지고
뭇 신하가 힘든 노력 쏟아서지.

역사는 천하의 공언이다
역사 바로잡기와 뒤집어 보기

종계변정과 인조반정

안타깝게도 역사의 기술은 객관적이지 않다. 사건을 직접 체험한 사람, 관망하고 기록한 사람, 세월이 흐른 뒤에 그 역사를 바라보는 사람 등 처한 상황에 따라 서로 다르게 받아들이고 해석하기 때문이다. 역사라는 담론은 나라간의 이해관계와 정세에 따라 변형, 가감되기 일쑤고, 최악의 경우 왜곡되기까지 한다. 일본 정치인들이 일제침략을 두고 벌이는 망언과 교과서 사건들이 단적인 예다. 최근에 불거진 중국의 고구려사 왜곡 문제만 놓고 봐도 역사란 다루는 이의 시각에 따라 엉뚱하게 조작될 수 있다는 사실이 피부에 와 닿는다.

고구려사를 중국사의 일부라고 강변하는 중국의 역사 왜곡은 한국인의 분노를 자아내고 있다. 하지만 중국의 동북공정東北工程은 수천 년 동안 한국의 역사를 밥 먹듯이 왜곡해 온 중국인의 뿌리 깊은 못된 버릇이 재발한 것에 불과하다.

중국은 25부部의 정사正史를 가지고 있다. 이른바 25사史는 중국의 공식적 역사로 공인되었는데, 그런 정사를 포함해서 중국 측이 편찬한 여러 사료에는 한국과 관련한 내용이 적지 않게 수록되어 있다. 따라서 양국의 문화교류가 빈번했던 조선시대에는 중국 사료에 조선이 어떻게 기술되어 있는가가 중대한 관심사였다. 조공체제하에서 중국의 권위 있는 전적에 기술된 조선 관련 기록은, 내용의 사실 여부를 떠나 국제적으로 인정받을 가능성이 높았기 때문이다.

그러나 중국 측 기록은 부정확한 데다 의도적 왜곡까지 적지 않는 등 문제점이 허다했다. 가벼운 사안이라면 그러려니 하고 넘어갈 수도 있겠지만, 국가와 조정의 위신이 걸린 문제라면 결코 그럴 수 없었다. 조선시대에는 중국에 의해 왜곡된 역사 기록을 바로잡기 위해 외교적 수단까지 동원된 적이 한두 번이 아니었다. 왜곡된 역사 기술을 바로잡은 일(변무辨誣)이 주로 왕가와 관련된 사건에 집중된 것이 지금의 우리 입장에서는 사소한 것으로 보이기도 하여 흥미를 반감시키지만 당시에는 무엇보다 중대한 문제였다.

우선 《명태조실록明太祖實錄》과 《대명회전大明會典》에 태조 이성계가 고려의 권신權臣 이인임李仁任의 후손으로 잘못 기재된 것을 바로잡은 '종계변무宗系辨誣' 사건을 들 수 있다. 국가적 권위를 지닌 명의 저작에 오류가 발생한 것이라, 조선에서는 태조 때부터 200여 년 동안 지속적으로 사신을 파견해 엄중하게 진실을 밝히고 수정을 요구했다. 그리고 마침내 선조 17년, 왜곡된 역사를 사실대로 바로 잡을 수 있었다. 이 일을 완결지은 사람이 다름 아닌 어숙권魚叔權이다. 서얼 신분이었던 그는 왕실이 뒤집어쓴 오명을 씻어내려 노력했다. 그는 《종계변무록》이란 저작까지 저술했는데, 당시 종계변무와 관련해 명나라에 가는 사신들이 가져간 문서는 전적으로 어숙권이 지었다고 한다. 조선의 식자들이 이 일을 얼마나 중시했는지를 율곡 이이는 이렇게 증언했다.

이이李珥가 강개한 어조로 어떤 사람에게, "하찮은 개인도 무고를 당하면 오히려 씻고자 하거늘, 나라 임금이 무고를 받은 지 200년이 되도록 씻지 못하는 일이 있어서 되겠는가? 이것은 일을 제대로 하는 신하를 구해 보내지 못한 까닭이다"라고 했다. 동료와 더불어 "임금이 욕을 보면 신하가 죽는 것입니다. 종계宗系가 무고를 당한 것은 열성列聖에 욕됨이 크오니 주청하는 사신은 마땅히 지성으로 명나라 조정을 감동시켜야 합니다. 일이 성공하면 환국하고, 성공하지 못하면 뼈를 연산燕山에 묻을 각오를 해야만 성사될 것이옵니다"라고 임금께 아뢰었다. 일의 기미에 따라 자유자재로 응대할 수 있는 인재를 특별히 선택할 것을 청하자 임금이 허락했다. 조정 회의에서 이이를 적임자로 추천하는 사람이 많았지만 박순朴淳과 이산해李山海가 "이이는 하루라도 조정을 떠나서는 안 되므로 그 다음 인물을 생각해야 한다"라고 하여 김계휘金繼輝를 주청사로 삼았다. 김계휘가 자청하여 고경명高敬命을 서장관으로, 최립崔岦을 질정관質正官으로 삼았다.

《석담일기》

결국 우여곡절 끝에 1588년 3월에 유홍俞泓이 새로 편찬된 《대명회전》 중에서 조선 부분 한 질을 가져와 내용이 수정된 것을 확인하고 난 다음 선조가 종묘와 문묘에 행차해 나라의 조상들에게 경과를 알렸고, 공로가 있는 신하들에게 푸짐한 포상을 내렸다. 선조는 감격해서 여러 신하들과 함께 시를 지어 기쁨을 표현했다. 그 시들을 엮은 책이 《광국지경록光國志慶綠》이다. 선조가 지은 시는 이렇다.

종계가 이제사 바로잡혔거니
나의 정성이라 말하지 말라.
선왕들께서 드린 공이 쌓여지고
뭇 신하가 힘든 노력 쏟아서지.

선조의 시를 보면 얼마나 이 문제를 중시했는지 짐작할 수 있다. 그 후 숙종과 영조 때 다시 이 일을 기념하는 시문을 짓고 이 책을 재차 간행한 바 있다. 그러나 공로가 가장 큰 어숙권은 이미 타계했고 그의 낮은 신분 때문인지 아무런 은전이 없었다. 그 점을 두고 제자인 민인백閔仁伯이 몹시 탄식했다. 어숙권에 대한 조치는 유감스럽기 짝이 없지만 조선 왕조가 종계변무의 일을 중시했던 것은 틀림없다.

종계변정과 명사변무

다음은 인조반정仁祖反正을 '찬역篡逆'으로 간주한 《명사明史》의 오류를 바로잡은 '명사변무明史辨誣'이다. 광해군을 몰아내고 그 조카를 새 임금으로 세운 인조반정을 어떻게 보느냐는 것은 왕권의 정통성이 달려 있는 미묘한 문제였다. 이 반정을 찬탈로 규정한다면 왕의 권위는 물론 반정 자체가 무효화될 수도 있었다. 그런데 명은 인조반정을 찬탈로 간주해 《희종실록憙宗實錄》이나 《양조종신록兩朝從信錄》 등에서 "인조가 광해군을 불에 태워 죽였다"는 등 비판적으로 기술했다.

청나라가 등장한 이후에도 《황명십육조기皇明十六朝紀》 같은 야사에서는 여전히 찬탈로 서술했다. 당시 중국은 명·청이 교체되고, 조선은 호란 중이어서 역사의 오류를 바로잡으려는 노력을 진지하게 벌이기에는 여건이 좋지 않았다.

그 뒤 상황이 호전되자 숙종 대부터 영조 대까지 100년 동안 역사 바로잡기가 계속되었다. 이는 청과의 중요한 외교 현안이었다. 《황명십육조기》가 야사이기는 하지만 그 내용이 청나라가 편찬 중인 《명사明史》에 전재될 경우 국가 위신에 심각한 손상을 준다고 판단해 조선 측은 계속 변무사辨誣使를 파견했다.

청 조정이 편찬 중인 《명사》에 왜곡된 내용을 수록하지 말 것과 완성된 역사서를 조선에 보내 확인할 수 있게 해달라는 요청을 거듭했다. 마침내 청은 조선의 요청을 받아들여 《명사》의 〈조선열전〉 부분을 개편했다.

역사 바로잡기는 국내에서도 진행되었다. 조선에서는 조정이 인정할 수 없는 내용을 담은 중국 책을 금기시하는 경향이 있었다. 그런 책은 소지한 것 자체로도 반역죄에 해당되었다. 박지원의 친구 이희천李羲天(1738~1771)은 조선 임금들의 사적에 대해 잘못 서술한 《명기집략明紀輯略》(주린朱璘 저)이란 역사책을 구입해 소지한 죄목으로 1771년 5월에 10여 명의 책 주름(책 거간)과 함께 한강변에서 효수형을 당했다. 그들의 목은 사흘 동안 내걸려 있었고, 처자들까지 연좌되어 흑산도로 보내져 관노비가 되었다. 조정은 한성부에 명을 내려 명사明史라는 이름을 지닌 책을 모두 색출해 불태우게 했고, 책을 숨긴 사람은 역률逆律로 다스렸다. 영조는 사건이 종결된 뒤 선조의 사례를 본떠 《명기집략》의 오류를 밝혀 종계를 바로잡은 것을 경축하는 글과 시를 신하들과 함께 지어 《속광국지경록續光國志慶綠》을 편찬했다. 나중에 임금은 그렇듯 가혹하게 이희천 등을 죽인 것을 후회해 그의 처자를 방면했다. 황윤석黃胤錫은 흑산도로부터 서울로 돌아오는 이희천 처자의 불쌍한 모습을 길거리에서 목도하고 《이재난고》에 기록해 두기도 했다.

이 사건의 여파로 한동안 사적인 역사 찬술이 금지되기도 했다. 조정에서는 그만큼 역사 문제에 민감했다. 인조가 광해군을 몰아내고 왕이 된 사건이 찬탈이냐 반정이냐는 관점에 따라 다르게 판단할 수 있겠지만 인조반정으로 권력을 거머쥔 사람들이 가득한 조정이고 보면 그런 논의 자체가 용인될 수 없었다.

이 외에도 그릇된 중국 기록을 바로잡기 위해 많은 외교적 노력을 기울였다. 기록과 역사를 중시한 조선왕조는 본국에 관한 역사 왜곡을 좌시하지 않았다. 역사의 주체가 왜곡된 현실을 수수방관할 때 왜곡된 역사가 진실로 둔갑해 다시 강력한 역공을 가할 수도 있기 때문이다. 지금도 우리의 역사와 고유한 문물이 일본을 비롯해 전 세계에서 왜곡된 채 잘못 알려지고 있다. 조선시대의 엄정한 역사 바로잡기를 봉건적 유습으로만 치부할 수 없는 것이 우리 현실이다.

야사를 다듬어 역사로-김려

　다른 나라가 우리의 역사를 잘못 기록했을 때, 요즘은 국가적 차원의 대응뿐만 아니라 NGO나 네티즌, 민간학술단체 등에서도 문제를 제기, 수정을 요구하는 목소리를 낸다. 과거에도 재야의 선비들이 다양한 방법으로 그런 목소리를 냈다. 하지만 개인의 노력은 한계가 있었다. 근대 이전에 동양 국가에서 역사 편찬은 국가의 몫이었기 때문이다.

　국가에서는 사관史官이란 정식 관료를 임명해 왕조의 이데올로기를 반영하는 역사를 쓰게 했다. 그러므로 역사는 국가의 역사이지 결코 개인의 역사는 아니었다.

　사관이 쓰는 역사는 국가의 권위에 기대어 정통성을 인정받기 때문에, 누구도 감히 그 공신력을 의심하지 못한다. 그러나 인간의 자유로운 의지가 그 '정통'을 맹신할 리 없다. 역사의 권위를 거부하는 사람들이 있어 그들의 역사 서술은 점차 독자적인 영역을 개척해나갔다. 공식적 역사서를 보며 느끼게 되는 아쉬움을 달래주는 야사野史가 등장한 것이다.

조선시대에는 조정에서 야사野史의 저술을 엄금한 적도 있었다. 국가에 의해 자유로운 역사 서술이 금지되었으므로, 개인이 사사로운 시각을 가지고 역사를 쓰는 것은 정치적 소용돌이에 휘말릴 가능성이 컸다.

그럼에도 조선 후기에는 야사가 적지 않게 출현했다. 이들 야사는 정사가 미처 다루지 못한 정치의 이면, 민중의 생활과 문화 등 집필자의 개인적 관심에 따라 풍부한 내용을 담아냈다. 그로 인해 야사는 사대부가 애호하는 독서물의 하나가 되었고, 야사를 탐독하는 야사벽野史癖을 가진 선비들이 출현하기도 했다.

그 가운데 대표적인 인물이 김려金鑢(1766~1821)다. 그는 '강이천 유언비어 사건'에 연루되어 10여 년간 귀양살이를 하고 돌아온 뒤부터 야사를 정리하기 시작해 죽기 바로 전까지 총서 만드는 일에 매달렸다. 그 결과 《창가루외사倉可樓外史》 120권과 《한고관외사寒皐觀外史》 140권이라는 방대한 양의 총서를 편찬했다. 그 이전에는 이렇게 방대한 양의 야사를 편집해 일목요연하게 정리한 예가 드물다.

김려는 야사 정리에 엄격한 기준을 적용했다. 전래하는 사본을 전사轉寫하는 데 그치지 않고 내용의 오류를 찾아 바로잡고, 주석을 꼼꼼히 다는 등 정밀한 텍스트 비평을 가했다. 그의 야사 총서는 비평판批評版 야사 전집이라고 불러도 좋을 정도다. 야사를 학술적으로 정리한 이와 같은 작업을 다른 학자들은 감히 엄두도 내지 못했다. 우리 야사의 소중한 가치를 인식하고 정리한 그의 작업은 19세기의 가장 중요한 학술 작업 중 하나라고 평가하고 싶다.

엄밀한 역사 고증은 철저하고 엄격한 역사가의 입장을 고수한 김려의 태도에서 나왔다. 그는 "역사서만큼 쓰기 어려운 책은 없다. 역사서는 실제 사실을 기록하는 것을 일컫는다"라고 했고, 또 "우리나라 사람은 사건을 기록하는 기사紀事의 글에 익숙지 않아 야사로 불리는 책이 패관稗官마냥 거칠고 괴상하며, 소설마냥 비루하고 속되다. 그러니 독자들이 어찌 싫증을 내지 않겠는가?"라고 역사 서술의 문제점을 지적했다. 야사를 쓰는 사람의 진지한 자세와 문장력의 구비를 강조한 것이다. 민간에 전해지는 소문을 함부로 기록한 패관잡기나 허구적 이야기를 쓴 소설과 같이 야사가 조잡하고 신빙성 없이 저술되는 것을 경계했다.

특히 김려는 "역사는 천하의 공언公言이다. 당론黨論이 생긴 이래 공언을 쓴 역사가 없다. 역사를 저술하는 자가 저울이나 거울과 같이 마음을 지극히 공평하게 갖고 있어도 동인東人은 동인, 서인西人은 서인의 편견을 벗어날 수 없거늘, 하물며 처음부터 공정하게 쓰려는 마음을 갖고 있지 않은 자야 말해 무엇 하랴?"라고 해 당시 지식인들이 당론黨論에 빠져 역사를 왜곡하는 폐해를 개탄했다.

총서가 만들어진 뒤 많은 학자들이 이 책을 빌려다 필사하며 읽었고, 이것을 기반으로 다른 야사를 첨가해 《대동패림大東稗林》과 《패림稗林》, 《광사廣史》와 같은 총서를 만들었다. 모두 김려의 업적이 있었기에 가능했다.

김려의 야사 정리는 비정통 야사를 학문의 영역으로 끌어올리려는 열망에서 비롯됐다. '믿을 수 있는 역사'를 만들기 위해서는 정통과 비정통의 사료를 함께 취해야 한다. 하지만 김려가 만든 방대한 양의 총서는 아직 널리 이용되지 않고 있다. 장서각과 연세대, 그리고 멀리 미국 하버드 대학의 도서관에서 잠을 자고 있다. 이 소중한 자료를 재정리하고 적극적으로 이용할 날이 어서 오기를 바란다.

조선 역사 뒤집어 보기-김택영

역사를 기록하는 '개인'이란 과연 어떤 존재일까? 야사로 정사를 보완한 김려 같은 인물도 역사가의 한 모델이지만 비판적 시각으로 역사에 날카로운 재해석의 칼날을 들이민 김택영 같은 인물도 족히 또 하나의 모델이 될 만하다. 조선 후기 점차 활성화되기 시작한 개인의 역사 편찬은 나라가 혼란에 빠져 공식적인 역사 기록이 허술해지자 더욱 빛을 발했다.

1910년 조선이 망한 뒤 망국의 유민으로 우리 역사를 쓴 학자들이 그런 역사가이다. 《조선상고사》를 쓴 신채호, 《한국통사》를 쓴 박은식, 《한사경》을 쓴 김택영, 이렇게 세 사람의 빼어난 역사가들은 뼈아픈 망국의 원인을 역사에서 찾았다.

　이들이 쓴 역사는 마음 편하게 읽을 수 없다. 조국을 사랑하는 열정이 글 밖으로 솟구쳐 나와 지금도 읽는 이를 울분에 차게 한다. 그중 신채호나 박은식은 적극적으로 독립운동을 한 지사이기도 하다. 김택영 역시 역사 저술을 통해 독립지사의 역할을 했다. 나라는 망했어도 민족의 정기는 살아 있다는 신념을 역사 저술로 드러낸 경우다. 조국의 역사에 대해 애정을 가진 사람은 매국이나 변절 행위를 할 수 없다는 점을 이들에게서 확인할 수 있다.

　구한말 조정에서 사관史官으로 근무하기도 한 김택영은 나라가 완전히 일본에 넘어가기 전에 중국으로 망명했다. 그가 망명지 중국에서 저술한 《한사경韓史綮》은 독특한 역사책이다. 각 임금의 치세별로 연대를 분류하고 두드러진 사건을 기술해 500년 조선시대사를 알기 쉽게 썼는데, 시대가 뒤로 갈수록 자세하게 서술했다. 역사에 관심을 가진 사람이라면 흥미롭게 읽을 수 있다. 특별히 눈여겨 볼 점은 조선시대 역사를 매우 비판적으로 서술했다는 사실이다. 조선왕조의 건국과정을 예리하게 비판한 것은 물론이고 어느 왕도 그의 날카로운 필봉을 피하지 못했다. 그만큼 파격적이란 이야기인데 그 붓끝이 얼마나 매서운지 성군으로 알려진 세종에 관해서도 이렇게 평가를 내렸다.

　　세종이 일본을 정벌하고 6진을 개척한 일을 보건대, 인자할 뿐만 아니라 큰 용기와 큰 지략도 아울러 갖추고 있다 하겠다. 이러한 통치철학을 널리 적용시켰다면 서얼금지법도 풀 수 있었을 것이고, 군포법도 부활할 수 있었을 것이다. 또 문무를 함께 쓰고 농업을 일으켜 오래도록 풍요롭고 부강한 업적을 자손에게 남길 수 있었을 것이다. 그런데 세종 임금이 남긴 업적은 유술儒術을 숭상하고 가난하고 게으른 백성을 편안히 한 데 불과하다. 아! 이것은 고루하고 고식적인 황희黃喜와 허조許稠 같은 무리들이 잘못 인도한 까닭이 아니겠는가?

조선시대에 세종보다 위대한 업적을 남긴 군주가 있었을지 의문이지만 김택영은 세종이 겨우 유학을 진흥시키고 빈궁한 백성을 조금 구제한 군주에 불과하다고 평가했다. 또 조선조 최고의 재상으로 꼽히는 황희와 허조를 군주를 잘못 보좌한 신하로 매도했다. 세종조차도 그리 대단한 일을 하지 못한 군주로 단언했으니 그 나머지 왕들에 대한 평가가 어떠할지는 불문가지다.

그의 날카로운 비판은 역대 선현에 대해서도 가차 없었다. 중종 때 사림정치를 시도한 조광조趙光祖를 학문이 짧은 탓에 맹목적 명분주의에 사로잡히고, 조급증에 걸려 실패했다고 평가했다. 새로운 성리학설을 제기한 윤휴尹鑴를 사문난적斯文亂賊이라고 몰아세운 송시열宋時烈에 대해서는 학문을 좋아하는 군자이지만 편벽되고 수양이 덜 된 사람이라 비판하기도 했다. 이른바 공론으로 인정받은 선현의 사적도 독특한 관점에서 재해석했다. 조선시대에는 반대당에 대해서조차 언론이 무서워 마음대로 내뱉지 못했을 법한 말을 그는 서슴없이 꺼냈다. 김택영은 조선시대 역사의 정통적 해석에 일관되게 반론을 제기함으로써, 일종의 '역사 뒤집어 보기'를 시도한 셈이다.

김택영의 역사책이 국내로 들어오자 벌집을 쑤셔놓은 듯 반론이 제기된 것은 당연하다. 선비들은 그를 '사적史賊'이라 매도하며 끊임없이 성토했고, 나중에 그러한 글을 모아 《한사경변韓史綮辨》이란 책까지 펴냈다. 반일 지식인도 여기에 가세했지만 친일적 지식인이 더 적극적으로 반론을 펼쳤다.

알고 보면 김택영은 개성 출신의 학자였다. 개성 출신 인사는 조선시대 내내 배척과 멸시를 당했으니 그 울분으로 조선왕조의 역사를 비판적으로 해석한 측면이 있었을 것이다. 하지만 오히려 뼈아픈 자기 부정을 통해 조국의 갱생을 바란 충정이 더욱 컸다고 해석하는 것이 타당하지 않을까. 김택영은 조선시대 내내 움츠리고 있을 수밖에 없었던 자유로운 역사 해석의 의지와 조선의 역사에 대한 반감을 마음껏 써보았던 것이다.

역사 서술은 자기 존재의 근거를 마련하는 행위이다. 좌절의 시대에 중국의 남방 망명지에서 자신과 민족의 존재 이유를 자기 부정을 통해서 밝힌 한 한객韓客의 고뇌를 상기할 필요가 있다.

4

공부와 서책

1, 2가 나오면 사언의 글을 짓고, 3, 4, 5, 6이 나오면 오언시를 지으라.

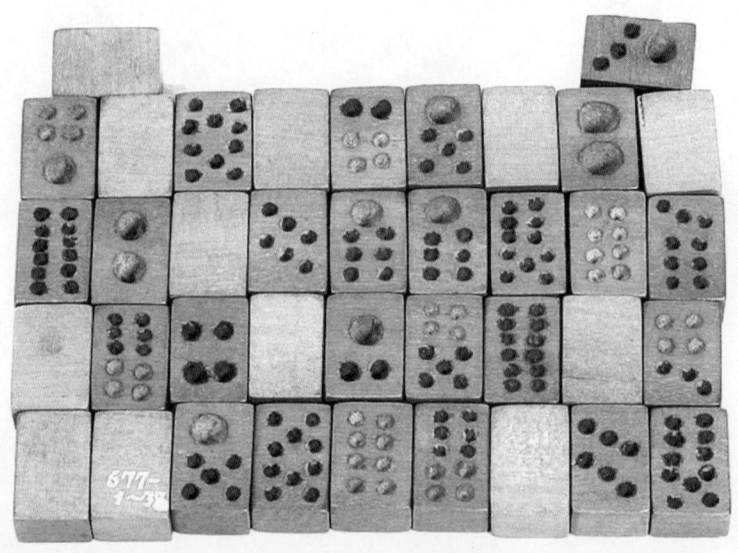

*골패, 군산대학교박물관 소장

일백 세대 뒤에 태어날 이와 벗 삼으리
박지원과 박규수의 옛글 읽기

인생살이에 마음을 터놓고 속 깊은 대화를 나눌 친한 벗이 단 한 사람도 없다면 그것만큼 쓸쓸하고 무료한 일도 없을 것이다. 사업상 만나는 지인과는 다르게 친구라면 그 무언가를 가지고 내 인생에 깊이 관여하게 된다. 그래서 안방을 함께 쓰지 않는 아내라는 비실지처非室之妻나 동기간은 아니지만 형제와 다름없다는 비기지제非氣之弟라는 옛말은 가까운 친구사이를 가리키는 말로 사용되었다. 새삼스레 정겹게 느껴지는 말이다.

크나큰 인연, 크나큰 만남
그런 말이 낯설지 않을 만큼 옛사람은 벗을 소중하게 여겼다. 그러니만큼 옛글에는 벗의 의미를 찾는 글이 흔하다. 연암燕巖 박지원朴趾源이 친구에게 보낸 짧은 편지도 그중 하나다. 우정을 나누게 된 큰 인연에 감사하는 내용의 편지다.

공교롭고도 오묘하지요. 이다지도 인연이 딱 들어맞다니! 누가 그런 기회를 만들었을까요? 그대가 나보다 먼저 태어나지 않고, 내가 그대보다 늦게 태어나지 않아 한세상을 살게 되었지요. 또 그대가 얼굴에 칼자국 내는 흉노족이 아니요, 내가 이마에 문신하는 남만南蠻사람이 아니라 한나라에 같이 태어났지요. 그대가 남쪽에 살지 않고 내가 북쪽에 살지 않아 한마을에 같이 살고, 그대가 무인이 아니고 내가 농사꾼이 아니라 함께 선비가 되었지요. 이야말로 크나큰 인연이요 크나큰 만남입니다. 그렇다고 하여 상대의 비위를 맞추는 말을 구차하게 해야 하거나, 억지로 상대의 행동을 똑같이 따라해야 한다면, 차라리 천 년 전 옛사람을 친구로 삼든가 일백 세대 뒤에 태어날 사람과 마음이 통하기를 기다리는 편이 나을 것입니다.

〈경보敬甫에게〉

경보라는 이가 벗의 의미를 묻자 연암은 이런 짧은 답장을 보냈다. 서로 다른 두 사람이 친구가 된 것은 참으로 보통 인연, 보통 만남이 아니라고 했다. 수천 년 흘러온 세월 속에서 수억 수십 억의 인간 가운데 하필이면 그 사람을 벗으로 사귀다니! 친구가 된다는 것은 우주적 차원의 일대 사건이라고 친구의 소중한 의미를 새겨주었다. 이 편지를 받은 이는 친구가 된다는 기막힌 인연에 감동하지 않을 수 없었으리라. 연암은 솜씨 좋게 친구된 인연을 설명해 주었다. 감동적인 문장이다.

이렇게 친구의 의미를 소중히 여긴 사람이 연암만 있는 것은 아니다. 같은 시대를 산 이덕무도 친구와의 만남을 진정으로 감사하였다. 《천애지기서天涯知己書》의 〈필담筆談〉에 이런 구절이 있다.

먼저 나지도 않고 뒤에 나지도 않아 한세상에 함께 태어났구나! 남쪽 땅에 나지도 않고 북쪽 땅에 나지도 않아 한마을에 함께 사는구나! 느껍기도 하고 기쁘기도 하다. 천지여! 부모여! 감사합니다. 감사합니다 不先不後, 幷生一世. 不南不北, 同住一鄕. 可感可悅, 天地父母, 多謝多謝.

연암의 편지글을 줄여놓은 듯한 잠언투의 글이다. 누군가를 친구로 사귀게 된 행복감이 철철 넘친다. 이덕무의 글에 암시된 대로 친구와의 만남에는 필연보다 우연이 작용한다. 그런 기막히게 소중한 우연을 허락해 주었으니 천지신명에게 감사의 말을 올리지 않을 수 없다.

차라리 천 년 벗과 대화를 나누리

이덕무의 글에는 거슬림이 없다. 하지만 연암의 편지에는 어딘가 석연치 않은 대목이 있다. 마지막 구절이 그렇다. 벗과의 기묘한 인연을 말하다 말고 갑자기 왜 천 년 전으로 거슬러 올라가 옛사람을 사귀고, 수백 년 뒤의 벗과 대화하겠다고 말하는 것일까? 지금 세상에서는 벗다운 벗을 만날 수 없다는 뜻일까? 그리고 '구차하다'는 것은 또 무슨 뜻일까? 나는 오랫동안 이 대목을 이해할 수 없어 궁금해했다. 그러던 중 연암의 손자 환재瓛齋 박규수朴珪壽(1807~1877)가 쓴 《상고도회문의례尙古圖會文義例》를 읽다가 무릎을 쳤다. 그의 글은 이렇다.

벗들이 상봉하면 기분을 상쾌하게 하고, 마음에 드는 일이 없을까 늘 안달한다. 안부와 요즘 관심사를 묻고 나서 공부하다 새로 얻은 것이 있는지 알아본다. 그리고 나면 그저 묵묵히 앉아 있을 수밖에 없다. "옛사람은 차를 마시고 나서 《논어》를 풀이했다"는 격으로 경전의 가르침을 따져보려 하지만, 이전에 배운 공부가 보잘것없어 더 따지고 입증할 거리가 없다. 과거 답안지에 쓸 문장을 꺼내보지만 지루하고 허망하여 기분을 잡칠까 걱정이다. 결국에는 다 그만두고 다시 딴 이야기를 꺼내기 시작한다. 음악을 듣고 기생을 희롱한 이야기, 나들이하고 놀이하는 즐거움에 대화가 이른다. 그러나 이따위는 옛사람이 취하지도 않았고, 내 성격에 맞지도 않는다. 이 밖에 향을 사르고 차를 품평하는 취미나 서화와 골동품을 감상하는 고상한 일이 없는 것은 아니다. 하지만 마음을 기울이기에는 천박한 짓이다.

수백 년 전 옛사람이 벗과 만났을 때 벌어지는 정경이 눈에 선하게 들어온다. 친한 친구라면 서로 모를 일이 없다. 더 이상 나눌 대화도 질문도 없다. 자주 만나다 보면 친구를 만나도 무료해질 수가 있다. 연암의 편지에서 '벗을 만나 비위를 맞추는 말이나 구차하게 늘어놓고 상대방의 행동을 억지로 똑같이 따라해야 한다'고 말한 깊은 뜻이 손자 박규수가 생생하게 묘사한 글에 설명되어 있는 것이 아닐까? 그렇다면 박규수의 글은 연암의 편지에 친절하게 달아놓은 주석인 셈이다.

다시 연암의 편지글로 돌아가 보면, 그런 구차함이 느껴질 땐 차라리 천 년 전 벗과 사귀어보라고 했다. 세상에 태어난 이상 지금 살아 있는 현명한 사람을 벗 삼아 지내는 것이 정녕 옳지만 같은 세상을 사는 친구라면 구차한 일, 무료한 일이 있기가 쉽다. 그럴 때는 책 속에 살아 있는 천 년 벗과 대화를 나누는 편이 낫다는 것이다. 책을 통해 옛사람과 만나다 보면 공부가 되는 것은 물론 지루한 일상에서 벗어날 수 있고, 미래를 설계하는 데도 큰 도움을 줄 수 있다는 이유일 것이다.

본받고 싶고, 친구 삼고 싶은 옛사람

 그처럼 친구와 만나 지루함을 느낄 때 읽을 만한 책에는 무엇이 있을까? 박규수는 심심할 때 어떻게 하면 고전을 재미있게 읽을 수 있을까를 궁리했다. 흥미도 있으면서 지식과 교훈을 얻을 수 있는 독서라면 금상첨화다. 천 년 전 옛사람과 벗하고 싶다는 연암의 생각을 잘 살려 그 손자 박규수는 《상고도회문의례》를 저술하였다. 이 책을 손에 넣고 보니 '왜 고전을 읽어야 하며, 어떤 점에서 옛사람의 이야기에 귀를 기울일 필요가 있을까?'라는 질문에 답을 얻은 것 같은 기분이다.

 알다시피 박규수는 평양감사 시절 대동강을 거슬러 평양에 도착한 미국 상선 제너럴셔먼호를 격퇴시킨 주인공이다. 구한말의 쟁쟁한 정치가로는 유명하지만 학자, 작가로는 그다지 알려지지 않았다. 그러나 그는 연암의 손자답게 가문의 명성을 이은 빼어난 작가요, 학자였다.

 박규수는 20대 초반에 이미 작가로서 역량을 발휘하기 시작했다. 약관의 나이에 《상고도회문의례》라는 16권 16책의 방대한 저서를 편찬했다. 이 책은 문장가로 명성이 자자하던 홍길주洪吉周에게 크게 인정받았다. 순조純祖를 대신하여 정사를 보던 세자-후에 익종翼宗으로 추존됨-도 이 책을 보고 "저술을 보니 박학함을 알겠다"라며 칭찬했다.

 이 책은 본받고 싶고, 친구 삼고 싶은 옛사람을 옛 전적에서 골고루 뽑아 그들만의 개성과 특징을 보여주는 행적과 일화를 소개하였다. 거기에 머물지 않고 그 인물과 그 일화에 대해 생각하고 평가한 바를 자유롭게 펼쳐냈다. 선정된 인물은 대체로 중국의 명현이다. 책의 제목 중 상고尙古는 '상우고인尙友古人(옛사람을 친구로 삼는다)'에서 가져왔고, 회문會文은 '이문회우以文會友(글로써 벗을 모은다)'에서 가져왔다. 각기 《맹자》와 《논어》에서 취해온 말이다. 책 제목에 이미 옛사람과 대화하고, 동시대 친구들과도 어울리고 싶은 소망이 뚜렷이 담겨 있다. 대화와 어울림의 매개가 되는 것은 글이고 책이다.

줄여서 《상고도》라고도 불리는 이 저술은 아주 특별하다. 규모와 내용이 방대하고 저술 방법도 독특하다. 친구 삼고 싶은 옛사람의 행적 480종을 뽑아, 이를 다시 80부部로 나눈 다음, 각 부를 은일隱逸, 문치文治, 무략武略, 절의節義, 정직正直, 사조詞藻의 6목目으로 분류했다. 480종은 각기 독립적인 표제어를 세워 내용을 간략하게 소개하고, 각 표제어를 제목으로 삼아 써볼 만한 글의 종류를 제시했다. 그 다음에는 일화를 바라보는 저자의 생각을 멋진 문장으로 펼쳐냈다.

박규수의 골패 독서법

지나간 수천 년의 역사 속에서 명멸해 간 옛사람 가운데 무료한 시간에 친구처럼 마주하고 싶고, 겸손하게 가르침도 받고 싶은 많은 사람들을 박규수는 고르고 골라 그들의 흥미로운 일화를 들려주었다.

그 가운데 누구와 만나도 세상과 인생을 주제로 진지하게 대화를 나눌 수 있다. 먼저 한 사람을 만나러 가자.

동씨가 세 가지 여가에 독서하다
1, 2가 나오면 사언四言의 글을 짓고, 3, 4, 5, 6이 나오면 오언시를 지으라.
동우董遇는 자신을 찾아와 배우겠다는 사람들을 가르치려 들지 않았다. 그저 "먼저 백 번을 읽어라. 그러면 뜻이 저절로 나타날 것이다"라고 말하기만 했다. 여유가 없어 글 읽기가 힘들다고 말한 제자가 있었다. 동우는 세 가지 여가 시간에 공부하라고 했다. "세 가지 여가란 무엇입니까?"라고 누군가 물었다. 동우의 답은 이랬다. "겨울은 한 해의 여가요, 밤은 낮의 여가요, 비바람 치는 때는 시간의 여가다."
(배송지裵松之의 삼국지주三國志注)

박규수는 이렇게 풀이해 놓았다.

여유 있는 시간을 기다려 책을 읽고자 하면 한 해를 마칠 때까지 책을 읽을 수 있는 날이 없다. 여유가 있을 때를 기다려 남을 구제하려는 사람은 죽는 날까지 남을 구제할 시간이 없는 것과 마찬가지다. 그야말로 여유가 없다면 어찌해야 하는가? 옛사람은 "한가로울 때도 바쁜 한 순간이 있듯이 바쁠 때도 한가로운 한 순간이 있다閒時忙得一刻, 忙時閒得一刻"라고 하였다. 어찌 독서만이 그러랴? 무릇 일을 하는 사람이라면 마땅히 이 말을 자신을 반성하는 도구로 삼아야 하리라. 이 이야기를 적어두어 옛일을 본받고자 한다.

아주 간결한 일화다. 그러나 의미는 깊고 여운이 길다. 세 가지 여유를 이용하여 독서에 힘쓰라는 동우의 옛 이야기를 제시한 다음, 이 일화를 글감으로 삼아서 시도 한번 써보라고 권했다. 나태한 정신을 일깨울 만한 동우의 이야기에 덧붙여진 박규수의 평문은 더욱 감칠맛이 난다. 바쁘다는 핑계를 대지 말고 망중한을 이용하여 독서하라는 취지를 말할 적에는 적절한 비유와 격언을 동원했다.

이 글을 읽고 골패를 던져 1, 2가 나온 사람은 같은 제목으로 사언四言의 문장을, 3, 4, 5, 6이 나온 사람은 오언시五言詩를 지어보라고 했다. 제목을 던져주고 글을 써봄으로써 작문 연습을 하라는 주문이다. 저 특별한 옛사람과 만나보았으니 그 느낌을 글로 적어보라는 셈이다.

《상고도》가 특별한 이유는 또 다른 데 있다. 책을 읽는 방법이 독특하다. 처음부터 끝까지 전체를 읽는 전통적인 책읽기 방법을 거부하고, 골패를 던져 읽을 글을 고르고 연습할 문투까지 지정했다. 골패는 당시에 유행했던 놀이기구다. 정사각형의 판에 종횡으로 9×9=81의 격자를 만들고, 중앙의 하나를 제외한 80개 숫자로 《상고전도尙古全圖》를 만들었다. 골패를 네 번 던져 나오는 숫자에 따라 부部와 목目, 표제어 및 문체를 선택하여 글을 읽고 작문까지 하는 방법이다. 역사상 자

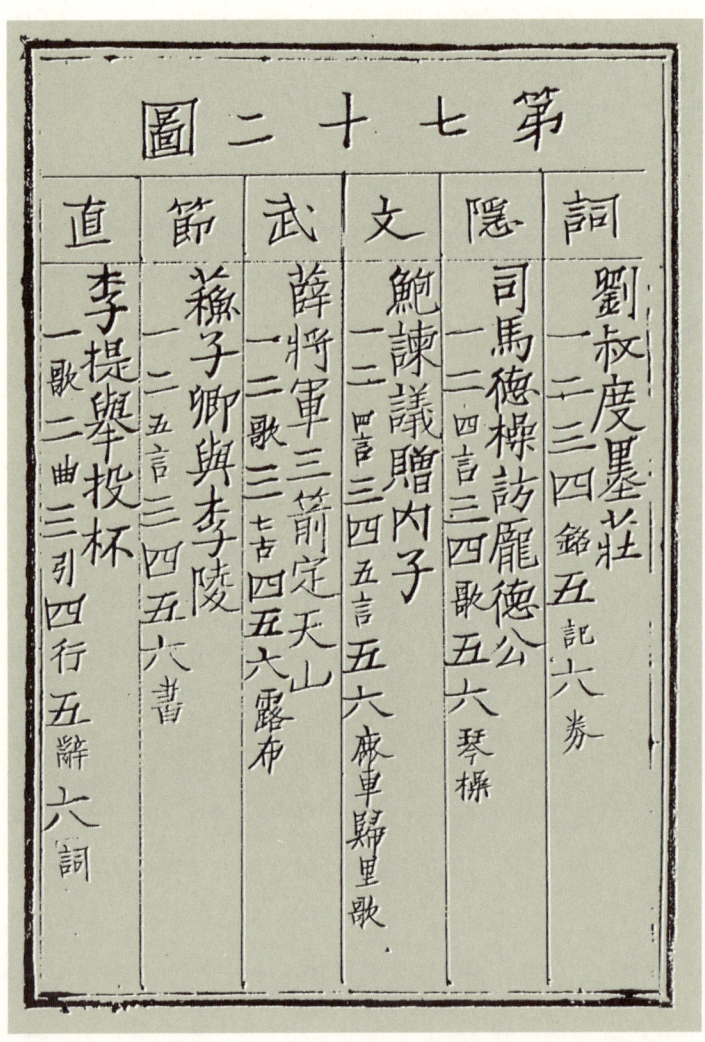

박규수, 《상고전도》, 목차 일부
72번째 도판에 수록된 여섯 가지 사연의 목록과 써야 할 문체가 제시되어 있다.

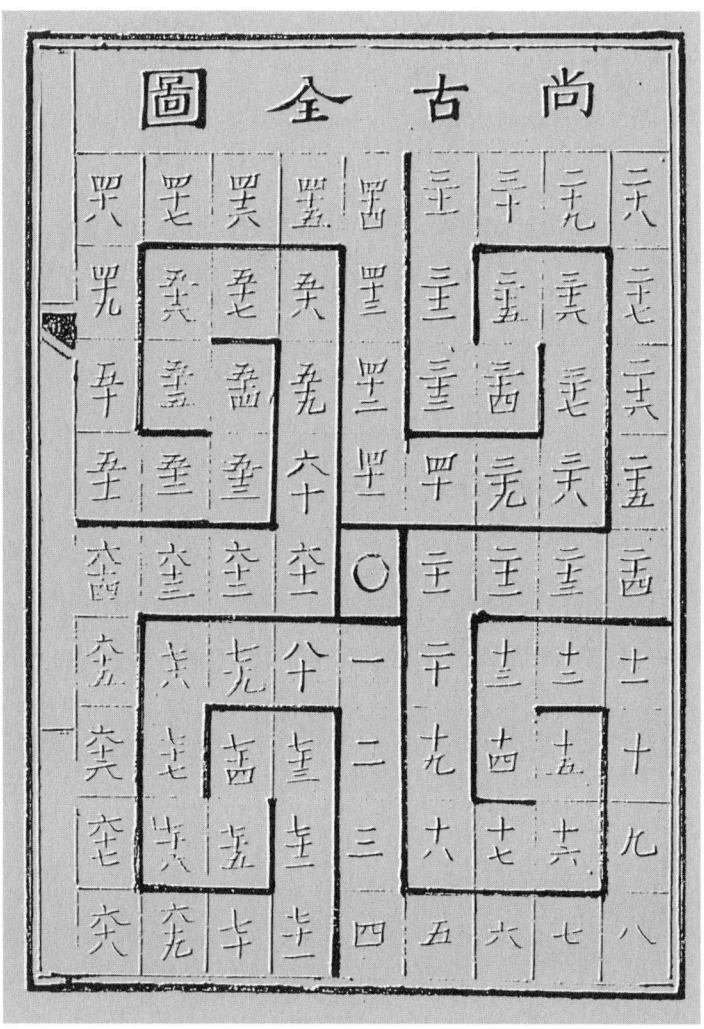

박규수, 《상고전도》, 권수卷首에 실린 도표
9×9=81개의 숫자를 숨은그림찾기처럼 배열하고 정중간에는 공란을 넣어서 총 80개의 숫자를 만들었다. 골패를 던져 한 숫자를 얻으면, 그 숫자에 속한 글을 찾아가 읽도록 고안했다.

취를 남긴 수많은 인간의 허다한 일화를 굳이 체계를 갖추어 읽을 필요는 없다. 어떤 패가 나와도 상관없다는 생각이다.

　기획 의도와 편집 방향도 참신하지만 '유희성'을 가미한 독특한 서적 활용법이 더욱 흥미롭다. 책 읽기를 싫어하고, 또 어떤 책을 읽어야 할지 모르는 사람들에게 고전의 정수, 본받을 만한 옛사람의 일화를 선정하여 흥미롭게 읽게 만들고 그 내용을 바탕으로 글쓰기를 유도한 발상이 특이하다.

　다시 한 사람을 만나러 가자. 골패를 던져 72부에 놓인 '글솜씨' 항목을 고르게 되면, 〈유숙도劉叔度의 묵장墨莊〉이란 글이 배당된다. 거기에는 다음 글이 실려 있다.

유식劉式은 자字가 숙도叔度로 청강淸江 사람이다. 유청지劉淸之의 5대조 할아버지다. 유숙도가 나라의 회계를 맡아본 지 10여 년이었다. 그가 죽은 뒤 집에는 네 벽만 덩그러니 자리를 지켰고, 오로지 보던 책 수천 권만이 남았다. 부인 진씨陳氏가 책을 가리키며 자식들에게 이렇게 말하곤 했다. "이것이 바로 네 아버지께서 말씀하시던 묵장墨莊이란다."
(임강지臨江志)

10여 년 동안 국가의 회계를 맡아보던 유숙도가 남긴 유산이라곤 텅 빈 집 안 구석에 쌓인 책 수천 권뿐이다. 많은 재물을 쌓아두었으리란 예상과는 딴판이다. 하지만 그 부인은 남편이 남긴 수천 권 서적을 자랑스러워 하며 자식들에게 그 유산의 의미를 일깨운다. '먹글씨가 쌓여 있는 농장'이란 뜻의 묵장墨莊이란 어휘는 이렇게 만들어졌다. 이 말은 나중에 장서藏書를 가리키는 말로 쓰인다.

박규수는 유숙도의 삶에서 본보기가 될 만한 인생의 의의를 찾아내 제시하고 거기 담긴 의미를 밝혀냈다.

전답을 사면 뱃속을 배부르게 하는 데 그치지만, 책을 사면 마음과 몸이 살찐다. 전답을 사면 배부름이 제 몸에 그치지만 책을 사면 나의 자손과 후학後學, 일가붙이와 마을 사람, 나아가 독서를 좋아하는 천하 사람들이 모두 배를 불리게 된다. 유숙도는 생업을 잘 꾸렸고, 이익을 버리지 않았다고 하겠다. 그러나 현명한 진씨 부인이 없었다면 그가 남긴 책을 보존하여 자손들이 유숙도의 뜻을 알게 할 수 있었으랴? 어질도다! 진씨 부인이여! 이에 이 글을 써 감회를 적어둔다.

박규수는 천 년 전 사람인 유숙도의 삶에 정서적 공감을 표시했다. 단순히 흥미로운 이야기가 아니라 따르고 싶은 마음이 느껴진다. 자손에게 책을 물려준 유숙도의 일화에서 보듯 읽는 재미도 있고, 본받을 만한 인생도 있다. 그의 일화는 묵장이란 어휘가 만들어질 만큼 유명한 미담이라 기억해 둘 필요도 있다. 골패를 던져 우연히 접하게 되는 글에서 얻는 소득이 적지 않다. 천 년 전 글을 읽는 방법치고 매우 신선하다.

옛글을 읽어 옛사람을 만나는 의미

박규수는 왜 이런 특이한 책을 만들었을까? 당시는 과거시험이 치러지던 시대다. 과거시험의 공허함을 우려한 그는 여러 문체를 공부하면서 천하의 대세를 익히고, 고인의 풍모를 상상해 담소거리를 얻고, 시와 문장을 쓸 때 필요한 책을 만들었다. 단순히 읽을거리에 그치지 않고, 제시된 본문과 표제어를 활용한 일종의 작문 지도서랄까, 요즘으로 치면 논술 교재를 만든 셈이다.

당시 과거시험은 판에 박힌 형식에 알맹이가 없는 지식을 젊은 지식인들에게 강요했다. 박규수는 거기서 벗어나기를 꾀한 것은 아닐까? 진정한 학문을 습득하는 방법으로 '천 년 벗과의 만남'을 주선한 것이다.

책을 쓴 의도를 밝힌 범례에는 저자의 그러한 취지가 보인다.

이 세상에 태어난 이상 이 세상의 현인과 벗 삼는 것이 정녕 옳다. 그러나 천고적 사람을 사귀라고 옛사람이 말하지 않았던가? 이 책에서 다룬 천고의 현인은 모두 내가 세월을 거슬러 올라가 친구 삼고 싶은 분들이다. 하지만 이 《상고전도》 전체를 샅샅이 뒤적일 필요가 굳이 있겠는가? 가을비 내리고 낙엽 지는 아침이든 대숲으로 난 창가에 큰 눈이 내리는 밤이든 한 부部를 뽑아 읽는다면 거기에는 속세를 벗어나 숨은 고매한 현자도 있고, 문장에 능한 재사도 있다. 국정을 도와 국사를 꾀하는 선비도 있고, 위대한 업적을 세운 공신도 있으며, 굳세고 방정한 신하도 있고, 찬란하게 의열義烈을 보인 사적도 있다. 이 한 부를 벗어나지 않아도 나의 벗은 충분하다. 내가 날마다 저 여러 현인들과 더불어 노닌다면 그 또한 즐겁지 아니하랴.

옛글을 읽어 옛사람을 만나는 의미를 이렇게 인상적으로 표현한 글은 드물다. 가을비 내리고 낙엽 지는 아침 또는 큰 눈이 내리는 밤에 대숲을 향해 난 창가에 앉아 쓸쓸하고 무료한 시간에 손에 잡히는 대로 한 구절씩 뽑아 읽으면 거기에는 벗을 삼고 싶은 옛사람이 있고, 본보기로 삼을 행위와 격언이 있다. 굳이 문을 벗어나지 않아도 사귀고 싶은 인간이 많다. 그들과 더불어 노니는 즐거움, 그것은 현세의 장삼이사張三李四를 만나 억지로 비위 맞추느라 웃는 얼굴을 꾸미는 괴로움과 비교할 수 없는 즐거움이다.

풍속이 순박함을 숭상하여 가집家集이 있다 해도 대개는 손으로 베껴 썼기 때문에 목판으로 간행한 것이 드물다.

*《춘향전》과 《별춘향전》

선비라면 반드시 읽어야 할 책
조선시대의 베스트셀러

사람마다 책을 읽는 기호가 특별하고 고르는 기준이 다르며, 시기에 따라 책을 평가하는 시각이 편차가 크다. 좋은 책과 베스트셀러를 선정하기가 그래서 어렵다. 그러나 그런 이유를 핑계로 좋은 책을 고르는 일을 아예 포기한다면 그 또한 바람직한 일은 아니다. 조선조 500년의 명저와 베스트셀러를 뽑는다면 과연 어떠한 책들이 목록에 오를까? 후보가 될 만한 책을 고르는 것부터가 흥미로운 일이다.

조선시대의 명저와 베스트셀러

조선 후기의 박학한 학자 이덕무는 3종의 책을 명저로 꼽았다. 개인과 제왕의 심성을 수양하는 데 필수인 이이李珥의 《성학집요聖學輯

要), 사람의 질병을 치료하는 허준許浚의 《동의보감東醫寶鑑》, 국가의 제도와 경제를 상세하게 논한 유형원柳馨遠의 《반계수록磻溪隧錄》이 바로 그 책들이다.

이덕무는 책을 선정하고 "이 시대를 살아가는 학자라면 반드시 읽어야 할 책"이라고 밝혔다. 절로 머리가 끄덕여질 만큼 균형 감각을 갖춘 선정이다. 어느 한 분야에 치우치지 않아 포괄적 교양과 실제적 지식을 주는 대표적인 저서임에 틀림없다. 19세기의 학자인 홍한주洪翰周는 《지수염필智水拈筆》이란 책에서 위 3종의 책에 이만운李萬運의 《문헌비고》를 더했다. 그 역시 이덕무와 비슷한 기준으로 4종의 책을 명저로 꼽았다. 그렇게 보면 조선 후기 선비가 대체로 공감할 만한 책을 이덕무와 홍한주는 선정한 셈이다.

국가의 이념과 사대부의 의식세계를 알아보는 것은 물론 자연과학에 이르기까지 조선의 문화를 총체적으로 이해하려 할 때 이들 책자는 훌륭한 안내자 노릇을 한다. 하지만 이 책들은 내용이 무겁고 양이 방대해 많은 사람이 수월하게 읽을 만한 책은 아니다. 요컨대, 명저이기는 하나 베스트셀러라고 선뜻 말하기에는 주저된다.

그렇다면 대중적 인기를 얻은 책으로는 어떤 것이 손꼽힐까? 그런 주제로 논의를 펼친 글을 본 적이 없다. 굳이 뽑아본다면, 나는 이중환李重煥의 《택리지擇里志》, 홍만종洪萬宗의 《소화시평小華詩評》, 그리고 《춘향전》 3종이 조선시대를 대표하는 베스트셀러로 손꼽을 수 있다고 생각한다.

무엇보다 이 책들은 교양 있는 대중들에게 많이 읽혔다. 《택리지》는 조선 전 지역에 대한 인문 지식을 두루 다룬 책으로 교양과 지식을 풍부하게 해주며, 《소화시평》은 최치원 이래 한국 시의 성과를 일목요연하게 잘 정리했다. 《춘향전》은 두말할 나위 없는 한글소설의 백미이다.

이 3종의 책보다 더 많이 읽힌 책도 없지 않을 것이다. 그러나 무엇보다도 이 3종을 선택한 것은 이 책들이 대중적 교양물이 될 만한 요소를 두루 구비했다는 이유 때문이다. 특히 이 책들은 당시 교양인들의 기호와 관심사에 부합한다. 혼란스런 시대에 어디 살 것인가를 고민할 때 《택리지》보다 더 좋은 책이 없고, 조선의 시문학에 대한 기초 지식을 얻는 데 《소화시평》보다 간편하면서도 요점을 추린 책을 찾기 어렵다. 또 소설에 대한 서민의 욕구를 채워주는 데 《춘향전》만한 책이 없다.

대중적 인기를 얻은 이 책들은 아이러니하게도 간행되지 못했다. 간행되지 못한 이유를 꼭 집어 말하기는 어렵지만 과다한 출판비, 당시의 지배적 담론에서 다소 벗어난 새로운 형식과 내용 때문이 아니었을까 짐작된다. 더구나 책이 많이 팔릴 거란 보장도 없었으므로 방각본坊刻本으로 출간되기도 어려웠다. 하지만 입에서 입을 거치면서 명성이 더해져 수많은 독자들이 이 책을 필사해 읽어보았다. 현재 이 책들의 사본과 이본은 각기 100본本을 훨씬 웃돈다. 사본이 이렇게 많이 남아 있다는 사실은 이 책들이 얼마나 많은 사람들에게 널리 읽혔는지를 웅변한다.

　말할 나위도 없이 이들 책자는 지금의 베스트셀러와는 근본적으로 다르다. 또 사서四書나 옥편, 《고문진보古文眞寶》, 《통감通鑑》과 같이 교재로 널리 읽힌 책과도 성격이 다르다. 상업적 성공과 거리가 멀었던 이들 서적은 조선 후기 사회와 인간을 이해하는 데 꼭 필요한 책으로 지금도 널리 읽힌다. 인기를 얻은 이러한 책을 통해 조선시대 교양인의 수준과 관심사를 추적해 보는 것도 흥미로운 일일 것이다.

잠든 조선을 깨운 일본 책 《화한삼재도회》

　조선시대의 서적 출판은 활발한 듯 하면서도 꽉 막힌 구석이 있었다. 제대로 된 책을 소유하는 것은 먹고 사는 게 보장된 사대부들에게나 가능한 일이었다. 가난한 대다수 평민들이 책을 구경하게 된 것은 한참 뒤의 일이다.

　조선시대의 독서인讀書人은 시야도 좁은 편이었다. 그들이 읽은 책의 범위가 중국이나 조선의 책을 크게 벗어나지 않았다는 기준을 적용할 때 그렇게 말할 수 있다. 다른 나라는 굳이 말할 필요조차 없다. 일본인의 저서도 거의 보지 않았다. 조선의 옛 선비들은 일본에서 간행된 책을 접할 기회는 있었지만 그 수준을 아예 무시해 읽으려 하지 않았다. 일본에서 간행된 중국 저작을 수입해 읽은 사례가 어쩌다 보이기는 하지만, 일본인의 저작을 읽었다는 증거는 찾기가 몹시 어렵다.

일본의 학문과 서적을 뿌리 깊게 멸시해서다.

하지만 조선 후기에는 상황이 변했다. 일본 경학經學 저술 가운데 조선 학자들의 관심을 끄는 책들이 나타났다. 통신사를 통해 일본의 문화를 직접 접해 그 사회와 학문에 이해가 깊어지자 일본인들에게도 높은 수준의 학술 활동이 전개되고 있음을 인정하게 되었다.

일본의 저술 가운데 학자들에게 읽힌 서적이라면 《화한삼재도회和漢三才圖會》가 거의 유일하다. 이 책은 에도江戶시대 중기에 간행된 105권의 도설백과사전圖說百科事典이다. 명明나라 왕기王圻 왕사의王思義가 편찬한 《삼재도회三才圖會》를 모방해 만든 책이지만, 일본 특유의 지식을 풍부하게 담고 있다. 천지인天地人 삼재三才로 구분해 많은 사물과 현상을 그림으로 그리고 간단한 설명을 붙인 이 책은 보기 드문 도설식圖說式 사전이다. 저자는 17세기 초반에 활약한 테라시마 료오안寺島良安으로 본래 직업은 의사였다. 의업醫業에 만족할 수 없었던 그는 중국의 《삼재도회》를 선망해 30여 년 동안 자료를 수집, 백과사전을 만들었다. 18세기 초반에 처음 간행된 이후 일본에서는 여러 차례 재간행되어 지금까지 널리 읽힌다.

이 책이 18세기 중엽 조선에 수용되어 읽힌 이유는 무엇일까? 일본에 관한 다양한 정보와 온갖 박물학적 지식이 집성되어 있는데다 도설로 표현되어 독자의 이해가 쉽기 때문이다. 그동안 외부 세계에 대한 정보를 전적으로 중국 측 자료에만 의존하던 조선 학자들이 이 책을 통해 새로운 정보를 접하게 되었다. 실증적 학문에 깊은 관심을 갖고 있던 18~19세기 실학자들은 이 책을 읽고 크게 감명을 받은 것으로 보인다. 그 가운데서도 특히 이덕무가 이 책을 전파하는 데 열성이었던 것으로 짐작된다. 이덕무가 후배 학자에게 쓴 편지에 이런 대목이 있다.

> 마가목은 채찍이나 지팡이를 만드는 데 쓰는 나무인 줄만 알고 실제로 어떤 것인지는 알지 못합니다. 그대와 함께 《본초강목本草綱目》, 《군방보群芳譜》, 《화한삼재도회》 등의 책을 싸들고서 농부와 시골 노인을 찾아다니면서 그 속명을 확인하여 도경圖經을 만들지 못함이 유감입니다. 세상 선비들이 내 말을 들으면 비웃지 않을 자가 없을 것입니다. 하지만 그대에게는 이 일을 말할 수 있습니다.

의학, 생물학의 전무후무한 고전인 이시진李時珍의 《본초강목》과 함께 《화한삼재도회》를 언급한 점이 놀랍다. 일본 서적을 이렇게 높이 평가했다는 것은 결코 가볍게 볼 일이 아니다. 박물학적 지식을 담은 최고의 저작으로 인정하지 않으면 나올 수 없는 말이다. 이덕무는 《삼재도회》와 이 책을 소장하고 그 내용을 숙지했으며 주변의 학자들과 책을 돌려보았다. 동시대의 실학자 황윤석은 1778년 12월 5일 일기에 이렇게 썼다.

> 대사동大寺洞 판서 박종덕朴宗德 집 앞에 있는 이덕무의 집에 들러 인사

하고 가려 했더니 이덕무는 출타하여 아직 돌아오지 않았고 그 동생 이공무李功懋만이 있었다. 정축생丁丑生이라고 자신을 소개하는데 단아하여 사랑스러웠다. 고금의 일을 더불어 이야기할 만했다. 그를 통해서 《왜한삼재도회》 등의 책을 보고서 날이 저물어서 돌아왔다.

현재의 종로구 인사동에 있던 이덕무의 집을 방문해 그 책을 열람한 사실을 일기에 기록해 놓았다.
이덕무가 이 책을 읽은 구체적인 정황은 곳곳에 보인다. 그의 절친한 친구이자 《발해고》의 저자인 유득공이 쓴 〈귀후가를 지어 이덕무에게 준다鬼鱟歌贈懋官〉는 그러한 정황이 잘 나타난 시다.
언젠가 이덕무의 제자들이 새우젓 틈에서 특이한 게를 발견하였다. 껍질이 약간 붉고 이마와 눈, 입과 코가 모두 갖추어져 귀신 모양이나 못생긴 사람 형상을 한 게였다. 남들이 잘 모르는 궁벽한 물건을 잘도 알아내고 그런 것에 관심이 지대한 이덕무에게 제자들이 그 게를 가져다 바쳤다. 그러자 이덕무는 그 게가 《화한삼재도회》에 나오는 귀후鬼鱟임을 바로 알아차렸다. 그리고 가만있지 못하고 남들에게 그 책을 인용하면서 자랑삼아 떠벌리자 유득공이 시를 지어 이덕무의 호기심을 묘사하였다.
시의 서문에서는 《화한삼재도회》를 인용하여 "귀후는 귀면해鬼面蟹라고도 부른다. 일본의 용사 진무문秦武文이 섭주播州의 병고해兵庫海에서 전투하다 죽어서 이 게가 되었기 때문에 무문해武文蟹라고도 한다"는 사실을 밝혀놓았다. 유득공의 시는 이렇게 시작된다.

일본의 장사 진무문秦武文이
섭주攝州의 바닷가에서 전사한 뒤로
바다에서 귀면해鬼面蟹가 많이 잡히자
그 곳 사람들은 진장군이라고 불렀네
진장군이 검을 잡고 크게 노해 "아! 이제 끝이로다" 하면서
슬피 울다 냉소하고 진중에 있던 술 한 말을 사방에 뿌려
지금도 두 뺨에는 취기가 살짝 돈다네
청장도인靑莊道人(이덕무의 호) 이 게를 얻고 기뻐서
손님 향해 두 팔을 뽐내며 기이한 사연이라 자랑하네
이웃 사는 유가柳家가 그 모습 보고 탄식하며
칼을 뽑아 일어나 춤추니 그 기상 구름위로 솟구치네

　　귀신 얼굴 모양의 게를 일본 사람들이 견강부회하여 무문해라고 하는 것에 대해서는 이미 《화한삼재도회》에서 밝혀놓았다. 하지만 이 게와 얽힌 일본 장군의 사연이 이들에게는 신기하게 받아들여졌다. 이런 사연은 중국에서 선해오는 책에서는 구경할 수 없는 것이니 새로운 지식에 목말라 하던 이덕무를 비롯한 학자들이 흥분하며 읽을 수밖에 없다.
　　이덕무는 이 책을 읽어야 한다고 주변 학자에게 권고한 듯하다. 그

이후 이 책을 숙독한 학자가 다수 등장했다. 《해동역사》의 저자 한치윤, 《오주연문장전산고》의 저자 이규경, 《임원경제지》의 저자 서유구도 기존 저작에서 찾을 수 없는 새로운 정보를 《화한삼재도회》에서 얻어 각자의 저술에 이용했다. 《임원경제지》의 엄청난 인용서목 가운데 일본의 저작은 겨우 2종밖에 없는데 그중 하나가 이 책이다.

중국의 학술에 극도로 편향된 조선 지식인의 지적 편식에 경종을 울렸다는 점에서 이 책을 읽고 인용한 의미는 무척 크다.

지식과 정보의 편식은 고루함을 낳고, 고루함은 학문하는 사람의 적이다. 조선 오백 년의 학문을 놓고 볼 때, 독서의 편식이 심하고 학문의 경향이 고루했다는 부정적인 평가가 없지 않다. 현대에는 어떠한가? 조선시대와는 사정이 많이 달라졌지만 여전히 미국과 일본의 학술에 의존하는 지적 편식이 만연하고 있다면 과장일까. 조선시대의 지적 풍토에서 《화한삼재도회》가 일부 학자들에게 읽힌 사실을 통해 현재를 반성해 볼 필요가 있다.

외국에서 출간된 조선의 책

외국 책, 특히 중국 책이 조선의 선비들 사이에서 읽히는 경우는 흔했지만, 거꾸로 조선 책이 외국에서 읽힌 예는 별로 많지 않았던 것 같다. 많지는 않아도 사료적·실용적 가치나 작품성을 인정받아 읽히기도 했다. 우선 눈에 띄는 책으로 최치원의 《계원필경집》, 허난설헌의《난설헌집》등이 보인다. 시대를 거슬러 올라가면 좀더 찾을 수 있겠다. 허준의 명저《동의보감》은 중국에서 무려 20여 차례나 간행되었다. 그만큼 중국인들의 수요가 있었다는 이야기다. 이 책이 널리 읽힌 까닭인지 청대의 필기筆記에는《동의보감》에 여우를 퇴치하는 방법이 있어서 중국 사람이 북경의 서점가인 유리창에 가서 이 책을 찾아 헤매는 이야기가 전한다. 청대를 대표하는 문인인 원매袁枚가 쓴 《자불어子不語》라는 책에 나오는 기사다. 이 책은 당시부터 현재까지 큰 인기를 누리는 책이다. 심지어 청대에는 이 책을 보면 귀신이 물러간다는 믿음을 가진 사람도 있었다.

하지만 조선 책이 중국에서 출간된 이면에는 색다른 곡절도 있었다. 조선에서는 책을 간행하는 데 많은 비용이 들어갔다. 무엇보다 종이 값이 너무 비쌌다. 따라서 더 저렴하게 책을 출판할 수 있는 중국에 가서 만든 후 되가져오는 사람들이 나타났다. 조선의 출판 사정은 책을 인출印出한다 하더라도 적은 부수를 찍을 수밖에 없는 형편이라 일반 독자는 책을 구입하기가 어려웠다. 출판 비용이 저렴한 중국이나 일본에 가서 책을 찍어 역수입하는 것이 되레 경제적이었다. 간행비가 만만치 않은 거질의《동의보감》이 중국에서 여러 차례 간행된 것은 중국인들이 보기 위한 목적도 있었지만 실제로는 조선인들의 수요가 높았던 데 이유가 있었다.

아무리 중국의 출판 여건이 좋다 해도 조선인의 시문집을 중국에서 간행하는 것은 사실상 불가능에 가까웠다. 판로가 극히 제한된 조선인의 문집이나 저술을 중국 출판계가 달가워 할 까닭이 없었고, 또 조선 사람이 중국에 가서 출간한다는 것도 말처럼 쉬운 일이 아니었다.

그러나 18세기 말 중국 학자가 조선 문사의 시문집을 간행한 파격적인 사건이 있어났다. 그것도 조선인의 부탁에 의한 것이 아니라 중국 지식인의 자발적 출간이었다. 이덕무의 시화 《청비록淸脾錄》이 그 책인데 이조원李調元의 주선으로 《속함해續函海》라는 총서에 포함되었다. 또 그 후 얼마 지나지 않아 박제가가 스스로 가려 뽑은 시문선집 《정유고략貞蕤藁略》이 중국 인사의 서문을 얹어 간행되었다. 이 책은 《예해주진藝海珠塵》이라는 총서에 들어가 있다. 유득공의 《이십일도회고시二十一都懷古詩》는 그보다 늦은 1877년에 조지겸趙之謙에 의해 중국에서 간행되었다. 유득공이 기윤紀昀에게 준 초본을 대본 삼아 간행한 의미심장한 책이다.

연행 길에 중국 문사와 교류해 문학적 수준을 인정받은 결과 이렇게 책으로 간행되기까지 했으니, 그 책이 국내에 역수입됐을 때 문단은 흥분에 휩싸였다.

19세기에 들어서는 국내 인사들이 아예 원고를 가지고 직접 중국에 들어가 책을 찍어 다시 조선으로 가지고 들어오는 방향으로 진척됐다. 이전에는 상상조차 할 수 없었던 상황이 벌어진 것이다. 그 선편을 잡은 책이 《상간편相看編》이란 시집이다. 신재식申在植과 이상적李尙迪 등 여덟 명의 시인이 1836년에 사행단으로 중국에 갈 때 지은 시를 모아 그 다음해 중국 현지에서 간행했다. 아마도 조선의 문인이

자력으로 중국에서 간행한 시문집의 첫 사례가 아닐까 한다. 그 뒤 이상적은 자신의 문집 《은송당집恩誦堂集》의 원고를 중국에 가지고 가서 간행했다. 이상적은 그 부친인 이정직李廷稷의 시집 《천뢰시고天籟詩藁》도 중국에서 간행했다. 이상적이 중국을 자주 왕래하고, 그곳 인사들과 교류가 많은 역관이었기에 가능한 일이었다.

한편 국내에서 김숙이 편찬, 간행했던 이언진의 유고시집 《송목관집松穆館集》이 중국에서 재차 간행되기도 했다. 1860년에 있었던 일인데, 이 책도 역관인 김석준金奭準이 실무를 담당했다.

또 순조 연간의 시인 이복현李復鉉의 시집 《석견루시초石見樓詩抄》가 중국에서 간행된 사실도 눈에 띈다. 이복현은 추사 김정희, 자하 신위 등과 시문을 주고 받은 시인이다. 1857년 그의 증손자가 중국에 사신으로 갔을 때 목판에 새겨 간행했다.

이렇게 19세기 청나라에서 간행된 조선인의 책들은 모두 사비를 들인 것이다. 국내에서 간행하는 것보다 비용이 적게 들뿐 아니라 중국에서 간행함으로써 책의 가치를 높이는 효과도 노렸을 법한 색다른 시도였다. 19세기에는 조선의 경제 사정이 좋지 않아 서적 간행이 어려워졌고, 또 간행한다 해도 과거에 비해 질이 현저하게 떨어져 차라리 중국에서 간행하기를 선호했다고 추정된다. 이 외에도 몇 종류의 시문집이 더 간행되었다.

구한말이 되면 조선 사람이 저술한 책을 일본·중국에서 간행하는 예가 더욱 빈번해진다. 유길준의 《서유견문西遊見聞》, 김득련의 《환구

음초環瀛唫艸》, 박제형朴齊炯의 《조선정감朝鮮政鑑》 등이 일본에서 간행되었다. 김시습의 《금오신화金鰲新話》와 같은 책이 일본에서 간행된 것은 세상에 널리 알려진 일이다.

20세기 초반에는 외국에서 조선의 저술을 활발하게 간행한 지식인이 있다. 한말 중국으로 망명한 역사학자 김택영金澤榮이 그 사람이다. 망명지에서 수십 종의 한국 서적을 간행했다. 그 뒤 우리 지식인들의 저작은 국외에서 더욱 활발하게 간행되어 현재에 이른다. 중국이나 일본에서 우리 책을 간행한 사례, 특히 일본에서 간행된 사례는 조사하면 그 수가 적지 않을 것이다. 그 사례를 낱낱이 추적해 본다면 조선시대 출판 네트워크를 파악할 새로운 단서 하나를 더하는 것이 되리라.

출판 공백을 메운 필사본

현재 저술과 편집은 거의 컴퓨터를 통해 이뤄진다. 불과 10여 년 전만 하더라도 활판活版인쇄가 주종을 이루었던 것을 생각할 때 급격한 변화임을 실감한다. 따지고 보면 이 신식 활판인쇄도 긴 출판 역사를 가진 우리나라에서는 겨우 100여 년 정도 지속된 방식에 불과하다. 고려나 조선 시대로 거슬러 올라가면, 활자와 목판이 출판의 근간을 이뤄 거의 1천여 년의 역사를 자랑한다. 따라서 출판과 독서 문화를 말할 때 활자와 목판이 중시되는 것은 당연하다. 그렇다고 해서 필사본筆寫本 서적의 존재가 열등하거나 비중이 낮은 것은 결코 아니다. 오히려 더 중요한 일면도 있다.

조선시대에는 서적 출판을 기본적으로 국가가 관할했다. 주요 서적은 교서관校書館이나 지방 관아, 사찰이나 서원 등지에서 펴냈다. 그렇다보니 정확도와 선명도를 비롯한 편집·인쇄 수준은 매우 높았으나 보급에는 적지 않은 문제가 있었다. 무엇보다도 서적 간행에 들어가는 비용이 지나치게 많아 수백 부 이상 인출하기가 어려웠다. 또 서점이 발달하지 못해 서적을 대중적으로 공급할 길도 마땅치 않았다. 지식과 정보를 국가 통제하에 두려는 조선의 국가 시책에 따른 결과였다. 따라서 아무리 좋은 서적이라도 그것을 출간하거나 소유하는 범위가 제한적이었다. 그 공백을 메운 것이 바로 필사본이다.

책을 구하기가 힘들었기 때문에 개인들이 책을 빌려 베끼는 경우가 허다했다. 한편으로는 필사 자체가 매우 강도 높은 공부 방법으로 이용되었다. 조정에서는 사자관寫字官이라는 전문 서수書手를 두었고, 각 지방 관아에도 글씨를 해정楷正하게 잘 쓰는 서수를 배속해 필요한 책을 베끼게 했다. 조선시대에는 사자관에 대한 처우가 매우 좋았던 것으로 알려져 있다.

뿐만 아니라 대갓집에서는 전속 서수를 두어 필요한 책을 전담해서 필사하게 했다. 서유구 집안이 대표적인 사례로서 이 집안은 중요한 조선 학자의 저술을 '자연경실장自然經室藏' 원고용지에 필사해서《소화총서小華叢書》를 편찬하였다. 필사 작업을 전담한 사람이 바로 서수였다. 그러므로 조선시대 도서를 살피려 한다면 판본과 함께 필사본 역시 주목하지 않을 수 없다. 그 가운데 서체가 아름다운 필사본이 눈길을 끈다. 베낀 사람의 독특한 서체와 개성이 드러나 있는 필사본은 열람할 때 느낌이 색다르다. 특히 저명 문인들이 남긴 자필원고 중에는 독특한 매력을 발산하는 것이 있어 책을 펼치는 이의 시선을 사로잡는다.

나로서는 박제가의 《정유각시집貞蕤閣詩集》이 인상깊다. 박제가는 저명한 서예가이기도 한데 그가 쓴 자필시집은 보는 이를 매료시키는 멋을 한껏 발산한다. 다산 정약용이 박제가에게 보낸 편지에서 "그대와 함께 녹음 아래와 안개 낀 강가에서 만나지 못한 것이 한스럽습니다. 그대의 시묵詩墨을 사랑하여 보면서 차마 손에서 놓지를 못하겠습니다. 10여 일의 기한을 너그러이 주셔서 실컷 즐길 수 있도록 해주시기 바랍니다"라고 한 시집이 바로 이것이 아닐까 생각한다. 다산조차도 사랑해 손을 떼놓지 못하던 것이 박제가가 자필로 쓴 시집이다. 모름지기 시인이라면 자신의 시를 이렇듯이 정성스럽게 써야 할 것이다. 그 모범이 바로 박제가의 시집이 아닐까.

옛 작품은 대개 필사본 상태로 유통되었다. 빼어난 문장가를 배출한 고려 때에도 간행한 책보다는 필사본 책이 더 많았다. "풍속이 순박함을 숭상하여 가집家集이 있다 해도 대개는 손으로 베껴 썼기 때문에 목판으로 간행한 것이 드물다"는 최해崔瀣의 증언이 보인다. 당대를 대표하는 문학사가의 증언인만큼 신빙할 만하다.

조선시대에는 고려에 비해 사정이 나아지기는 했지만 도서의 보급과 유통에서 필사본이 차지하는 비중이 줄지 않았다. 일반 개인이 활자나 목판으로 책을 간행한다는 것은 권력에 동참하거나 재력이 풍부해야 겨우 욕심낼 만큼 어려운 일이었다. 개인이 할 수 있는 일이란 필사를 하고, 후세에 그 책의 가치를 알아보는 사람이나 재력이 있는 후손이 나타나 출간해 주기를 기다리는 수밖에 없었다. 그러니 "집에 보관되어 있다가藏於家" 간행되지 못한 채 이 세상에서 완전히 사라져버린 좋은 작품집이 또 얼마나 많았을 것인가.

요즘에는 글을 쓰는 사람 중에도 자신만의 필체를 갖지 못한 이가 많다. 원고를 일일이 손으로 베껴 써 책을 만들던 100년 전 상황으로 되돌아가는 것은 불가능하다. 그렇기에 글을 쓴 사람의 체취가 느껴지는 해묵은 필사본을 바라보는 것은 여간 행복한 일이 아니다.

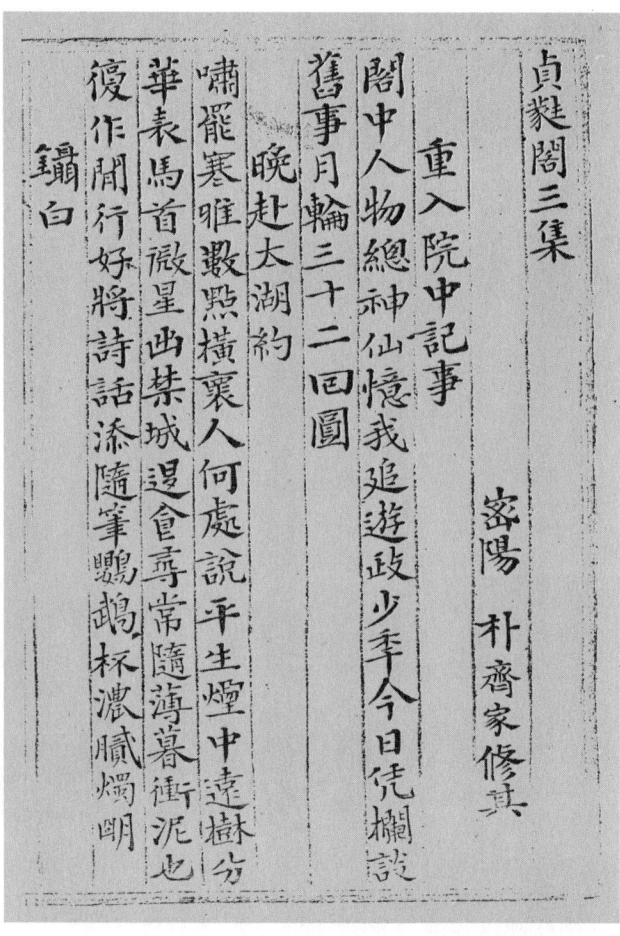

박제가, 《정유시고貞蕤詩稿》, 개인 소장
박제가가 필사한 자신의 시집으로 한자 한자 고체古體로 정성 들여 썼다.

   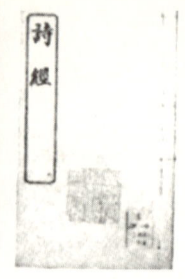 

《효경》은 1,903자, 《논어》는 1만 1,750자, 《맹자》는 3만 685자, 《주역》은 2만 4,107자,

 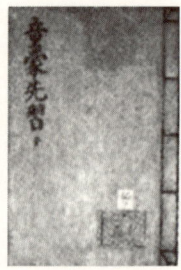   

《서전》은 2만 5,700자, 《시전》은 3만 9,234자, 《예기》는 9만 9,010자, 《주례》는 4만 5,806자,

《춘추좌전》은 19만 6,845자였다. 날마다 300자씩 외운다면 4년 반이면 다 마칠 수 있다.

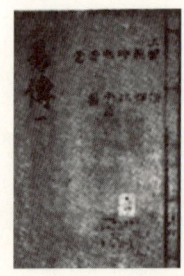  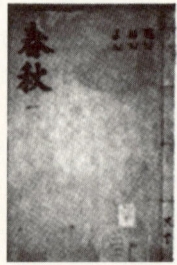  

*왼쪽 위부터 차례로 논어, 맹자, 중용, 시경, 서경, 격몽요결, 동몽시선습, 소학, 대학, 근사록, 심경, 왕희지법첩, 입학도설, 성학십도, 성학집요, 주역, 예기, 춘추, 사기, 통감

끊임없이 읽고 기록하라
공부하는 법, 글쓰는 법

　인문학을 공부하는 나는 책을 읽고 글을 쓰는 것이 본분이다. 많은 시간과 공을 들이는 것이 읽고 쓰는 일이다. 그래서 남들이 말해 놓은 독서론을 접하면 무심히 지나치지 못한다. 이것저것 적어놓은 옛 사람의 메모에는 독서에 관한 내용이 풍부하게 실려 있어 그들의 생각을 어렵지 않게 접할 수 있다. 옛 독서인의 책에 얽힌 일화, 특이한 독서 버릇, 시대에 따른 상이한 독서 취향은 흥미롭기 짝이 없다. 고금의 독서론을 읽다보면 내 자신의 독서와 공부 방법을 반성하게 만들고, 차감借鑑의 이익도 얻게 된다.
　독서는 지식의 습득과 작문, 이 두 가지 행위와 밀접한 관련이 있다. 독서가 시대나 장소, 학식과 지위, 신분과 성별, 나이와 세대에 따라 변화를 보이는 것은 당연하다. 그래서 지금과는 너무도 다른 옛 선비들의 독서법이 특별히 내 시선을 사로잡는다. 소리 내어 글을 읽는 것, 글을 통째로 암송하는 것이야말로 옛사람들의 독서법이다. 그런데 이 암송의 학습 방법이 언제나 금과옥조처럼 통한 것은 아니고, 주로 초학자初學者를 위한 방법이었다.

중요한 글은 외워라

실학자로 명성이 높은 홍대용洪大容은 그에게 독서의 방법을 물은 매헌梅軒 조욱종趙煜宗이라는 청나라 청년에게 편지로 독서하는 방법 12조항을 친절하게 설명하고 그대로 실천하기를 권유했다. 그 가운데 처음 조목은 이와 같다.

본래 기억하고 암송하는 기송記誦을 중요하게 여기지는 않지만, 초학자로서는 기송을 버리면 더욱이 기댈 데가 없다. 그러므로 매일 배운 것을 먼저 정확하게 암송하되 음독音讀에 착오가 생기지 않도록 하는 것이 중요하다. 그런 뒤에 비로소 서산書算을 세우고, 한 번 읽고 나서는 한 번 암송한다. 그 다음에 한 번 보고, 보고 난 다음에는 다시 읽어 모두 3, 40번 되풀이하고나서 그만둔다. 한 권이나 반 권을 다 배웠을 때에는 전에 배운 것까지 포함해 먼저 읽고, 그 다음에는 암송하고 보되, 각각 서너너덧 번 되풀이하고 그친다.

글을 읽을 때에는 소리 높이 읽어서는 안 된다. 소리가 높으면 기운이 떨어지기 때문이다. 눈을 건성으로 돌려서는 안 된다. 눈을 돌리면 마음이 달아나기 때문이다. 몸을 흔들어서도 안 된다. 정신이 흩어지기 때문이다.

글을 암송할 때 틀려서는 안 되고, 중복해서도 안 된다. 너무 빨라서도 안 되는데 너무 빠르면 조급하고 사나워서 맛이 짧기 때문이다. 그렇다고 너무 느려도 안 되는데 너무 느리면 늘어지고 방탕해져서 생각이 들뜨기 때문이다.

책을 볼 때에는 문장을 마음속으로 암송하면서 뜻을 곰곰이 생각하여 찾되, 주석註釋을 참조하고 마음을 가라앉혀 궁구窮究한다. 한갓 책에 눈을 붙이기만 하고 마음을 두지 않으면 아무 이득이 없다.

위에 말한 세 조목은 나누어 말하면 다르게 보이나, 마음을 한 곳에 집중하여 체득하기를 요구한 점에서는 같다. 모름지기 몸을 거두어 단정히 앉고, 눈은 책을 똑바로 보며, 귀는 거두어들이고, 수족은 함부로 놀리지 말며, 정신을 모아 책에 집중해야 한다. 이러한 방법을 따라 쉼없이 해나가면 뜻과 맛이 날로 새로워져 저절로 무궁한 묘미가 생기게 된다.

(〈매헌에게 주는 편지〉)

실학자로 널리 알려진 홍대용은 전통적인 방법과 새로운 방법을 조화시킨 공부법을 제시했다. 그는 무조건 경전을 암송하기만 하는 전통적 방법에서 벗어나 글의 맛을 제대로 음미하려 했다. 그에게 가장 중요한 것은 정신의 집중이다. 정신을 집중해 내용을 파악하고 체득하여 글의 뜻을 조용히 음미하는 것이 그가 제시한 독서법의 핵심이다.

그렇다면 전통적 독서법의 전형은 무엇일까? 공부해야 할 경전이 따로 정해져 있던 시기라 경전을 달달 외우는 것이 필수였다. 이것은 송의 대학자 구양수歐陽脩가 내세운 독서법이었다. 그의 독서법은 명대에 출판되어 동양 삼국에서 널리 유포된 《거가필용居家必用》에 수록되어 독서법의 근간으로 널리 통용되었다.

입신立身하는 것은 힘써 배우는 것을 앞세우고, 배우는 것은 책을 읽는 것을 근본으로 삼는다. 이제 《효경》과 《논어》, 《맹자》 등 육경六經을 가져다 글자의 수를 헤아려보았다. 《효경》은 1,903자, 《논어》는 1만 1,750자, 《맹자》는 3만 685자, 《주역》은 2만 4,107자, 《서전》은 2만 5,700자, 《시전》은 3만 9,234자, 《예기》는 9만 9,010자, 《주례》는 4만 5,806자, 《춘추좌전》은 19만 6,845자였다. 날마다 300자씩 외운다면 4년 반이면 다 마칠 수 있다. 조금 우둔한 사람이라서 반으로 줄여 외운다 해도 9년이면 다 외울 수 있다. 나머지 책은 그 유형에 따라 늘이면 된다. 비록 분량이 방대한 책이라도 그저 날마다 쌓아나가는 노력만 한다면 하지 못할 것이 무에 있겠는가? 속담에 실을 모아 실타래가 되고, 한 치 한 치 더해 몇 자의 피륙을 이룬다고 했다. 한 치 한 자 완성하기를 그치지 않으면 결국에는 한 길 한 필匹의 옷감을 이룬다고 했다. 이 말이 작은 것을 말했지만 큰 것을 비유하고 있으니 너희들은 노력해야 할 것이다.

암송해야 할 경전을 제시하고 그 책의 글자 수를 일일이 헤아린 다음 거기에 소요되는 일수를 계산했다. 읽어야 할 책이라면 아예 통째로 외우는 것을 중시했던 공부법의 한 단면이 잘 드러난다. 여기에는 무시 못 할 장점이 있다. 외운 내용은 피와 살이 되어 완벽한 이해가 가능했다. 이렇게 몇 번을 읽었는가를 계산하는 이유는 경서經書와 문장을 공부하는 가장 좋은 방법이 암송이라고 여겼기 때문이다. 그래서 서산書算을 이용해 책을 읽은 수효, 즉 독수讀數를 헤아렸다. 한 마디로 요령부득의 무식한 독서 방법이라고 하지 않을 수 없다. 이것이 바로 동아시아의 전통적인 독서법이다. 우리 선조들은 이러한 독서법을 근간으로 삼아 공부했다.

이러한 무식한 방법을 가장 잘 보여준 인물이 바로 김득신金得臣(1604~1684)이다. 글을 한번 읽었다 하면 최소한 천 번을 읽었고, 좋아하는 글은 만 번 이상을 읽었다. 그는 《사기史記》〈백이전伯夷傳〉을 너무 좋아한 나머지 1억 1만 3,000번을 읽은 희대의 독서광讀書狂이었다. 그가 남긴 글이 바로 옛글 36편을 각기 몇 번 읽었는지 밝혀 놓은 〈고문 36수 독수기讀數記〉이다. 수많은 독서광 가운데 김득신이 사람들의 입에 오르내린 이유는 그의 엄청난 독수 때문이었다. 김득신의 독서벽은 극단적인 사례일 뿐이지만, 거기에는 옛 독서법의 정수가 스며 있다.

외우고 생각하라 그리고 늙도록 책을 읽어라

김득신만 유독 그렇게 무지막지한 독서를 한 것은 아니다. 조선시대에는 그와 같은 독서법을 실천한 학자가 많았다. 그래서 학자들의 글 가운데 〈독서차제讀書次第〉와 같이 독서할 서책의 목록을 순서대로 나열한 글들이 심심치 않게 발견된다. 자식이나 후배, 제자들에게 어떠한 순서로 독서해야 할 것인지를 제시하기 위해서였다.

사실 김득신은 지나쳤다. 그의 융통성 없는 독서벽을 독서의 올바른 방향이라고 추켜세울 일은 아니다. 앞서 홍대용도 말했듯이 암송과 의미 파악의 균형을 강조한 선비들이 오히려 많았다. 순조 연간의 문인 항해沆瀣 홍길주洪吉周는 암송해야 할 글의 목록과 읽어야 할 책의 순서, 과목, 시간, 자세를 목록으로 만들어 실천했다. 특히 홍길주는 생각하는 것, 즉 사유를 강조함으로써 암송에만 치중해서 생기는 폐단을 극복하려 했다. 그는 《사부송유四部誦惟》라는 책을 엮었는데, 이 책은 말 그대로 경經, 사史, 자子, 집集 네 부류의 저서 속에서 외우고 생각할 부분을 따로 정선한 것이다. 항해는 이 책의 맨 끝에 집필 동기를 밝힌 〈사부송유전四部誦惟詮〉이라는 글을 썼는데 경청할 만한 내용이 적지 않다. 글의 요점은 빼어난 글을 우선 암송하고 그 다음에는 사유하라는 주문이다. '송유誦惟'는 '외우고 생각하라'는 말이다.

해거자海居子(洪顯周, 1793~1865)가 항해에게 이렇게 물었다.
"어떻게 해야 책을 읽는다고 말할 수 있나요?"
항해가 대답했다.
"글을 송독誦讀하고 사유思惟해야 한다. 글을 송독하면 나의 지식을 풍부히 쌓게 만들고, 그 의미를 사유하면 내가 습득한 지식을 견고하게 만든다. 송독하되 사유하지 않으면 잃어버리게 되고, 사유하되 송독하지 않으면 지식이 고갈된다."
해거자가 이어 말했다.
"제가 독서에 뜻을 두기는 했으나 시기를 놓쳐 나이가 들어서는 넓게 보지를 못합니다. 간명하면서도 쉽고 오래 공부할 수 있는 목록을 받았으면 합니다."
그러자 항해가 다음과 같이 말했다.
"좋도다, 아우의 질문이여! 우주 사이에 간략하면서도 박학함을 포괄한 책 한 질이 있는데, 그 이름을 《사부송유四部誦惟》라 한다. 그 글들이 각 서책에 흩어져 있어 일찍이 취합하지 못했는데 그 일을 할 사람을 기다리던 터이다. 그대가 그 일을 해보겠는가?"

항해는 독서의 요령을 묻는 동생 해거海居 홍현주의 질문에 암송하고 사유하라고 가르친다. 그는 외우고 생각하는 두 가지 다른 요소의 균형을 강조했다. 그의 권유는 지금 읽어도 여전히 좋은 독서법이라는 생각이 든다.

이 대목에서 항해가 동생의 시집인 《해거재시초海居齋詩鈔》의 서문에서 "글을 배우는 세상 사람은 여러 차례 글을 읽지 않으면 외울 수 없고, 능숙하게 외우지 않으면 그 맛을 터득할 수 없으며, 깊이 있게 생각하지 않으면 깨우칠 수 없고, 널리 보지 않으면 취할 만한 소재가 없다世之學文者 不累讀 不能誦 不熟誦 不能得其味 不精思 不能悟 不博觀 無所於取材"고 말한 사실을 상기할 필요가 있다. 여기서도 자주 읽어 내용을 완전히 숙지할 것과 심도 있는 사유와 폭넓은 독서편력을 고루 언급했다. 균형 있는 독서법을 제시했다고 할 만하다.

이처럼 독서론이 풍성하게 나온 것은 선비들의 삶에서 독서가 그만큼 큰 의미가 있어서다. 이들에게 책이란 경건하게 다루어야 할 대상이고, 독서는 경건하고도 신비스런 체험이었다. 그렇기에 독서 문화에는 과거 선비의 삶이 응축되어 있다. 항해는 그가 만일 대저택을 소유하게 되면 독서를 가장 먼저 할 일로 꼽았다. 그런데서 독서의 비중을 짐작할 수 있다.

항해가 제시한 독서법에서 나는 노인의 독서에 대한 의견이 참으로 흥미롭게 보였다.

사람은 하루라도 공부하지 않을 수 없다. 이미 늙어 혈기가 쇠잔한 노인이라도 경서經書를 익히고 이치를 따져보며 함양하여 지키는 노력을 게을리 할 수 없다. 관직에 있거나 집 안에 머물 때나 또는 일이 닥치거나 사람을 접하거나 배움이 아닌 것이 없다.

노인은 총기와 정력이 딸려 고서를 많이 기억할 수 없으므로 선별해서 외워도 해될 것이 없다. 《사부송유》가 있으니, 지금 그 목록을 여기에 기록한다.

노인은 글을 읽고 암송하다가 날이 저물어 정신이 피곤해지면 바로 촛불을 켜지 말고 조용히 누워 수습함으로써 정기가 안으로 온전히 쌓이게 한다. 그러면 병을 물리칠 수 있고, 외운 글도 오래 남는다

그가 나이 들어 이 글을 쓴 때문인지는 몰라도 노인의 글읽기를 특화시켜 논했다. 보통 독서는 소년이 할 일이요, 직장을 잡고 성인이 되면 제켜둘 것이라고 여긴다. 그것이 옛날이나 지금이나 한국인의 습성이다. 그러나 항해는 활기가 쇠한 노인도 책을 읽고 이치를 따져야 한다고 말했다. 사람은 하루라도 공부하지 않을 수 없다는 이유에서다. 그러면서 노인이 독서할 때 주의해야 할 점을 설명했다. 노인이 글을 읽고 쉬면 병도 물리치고 외운 글도 오래 기억한다고 했다. 노령화가 가파르게 진행되는 현대 사회에서 항해처럼 노인의 독서에도 관심을 기울일 필요가 있다.

글쓰기를 위한 독서법 10가지

실로 김득신은 '독서광'의 수준을 넘어서 간서치看書痴 또는 책벌레

의 경지에 오른 대단한 독서인이다. 그의 우직한 독서법을 나로서는 감히 따라 하기가 불가능하다. 그러면 이런 독서법은 어떨까?

최근 다치바나 다카시의 《나는 이런 책을 읽어왔다》에서 '실전에 필요한 14가지 독서법'이란 대목을 발견하고 무척 반가웠다.

"책을 사는 데 돈을 아끼지 말라."
"같은 테마의 책을 여러 권 찾아 읽어라."
"책을 선택할 때 실패할 것을 두려워하지 말라."
"자신의 수준에 맞지 않는 책은 무리해서 읽지 말라."
"읽다가 중단하기로 결심한 책이라도 일단 마지막 쪽까지 한 장 한 장 넘겨보라. 의외의 발견을 할지도 모른다."
"속독법을 몸에 익히라."
"책을 읽는 도중에 메모하지 말라."
"남의 의견이나 북 가이드 같은 것에 현혹되지 말라."
"주석을 빠뜨리지 말고 읽어라."
"내용이 의심스러운 것은 끊임없이 의심하라."
"새로운 정보는 꼼꼼히 체크하라."
"번역서는 오역이나 나쁜 번역이 생각 이상으로 많다."
"대학에서 얻은 지식은 대단한 것이 아니다. 여하튼 젊을 때 많이 읽어라."

책을 좋아하고 거기서 지식을 섭취하는 그 특유의 자세와 방법은 내 게으름을 되돌아보게 만든다. 일반 책에서 배운 교과서적 독서법과는 다르게 접근하고 있어 무뎌진 자신을 일깨우는데 도움이 됐다.

선비의 삶이 응축된 독서문화

근래에는 지금으로부터 800년 전 금金나라의 문인 원호문元好問(1190~1257)이 제시한 독서법이 관심을 끌었다. 원호문은 고려 중엽 시기를 살다간 작가다. 그의 독서법은 《시문자경詩文自警》이란 저서에 수록된 〈독서십법讀書十法〉에 요약되어 있다. 그 저서는 전하지 않지만 다행히도 조선 명종 때의 학자인 윤춘년尹春年이 간행한 《문단文斷》이란 책에 내용의 일부가 전한다. 요점을 정리하면 이렇다.

기사記事. 자기에게 필요한 중요한 사건의 대강을 기록해 둔다.
찬언纂言. 내 마음에 드는 글이 있으면 한 구절이든 두 구절이든 따로 기록해 둔다.
음의音義. 알기 어려운 어휘를 분류해 써놓는다.
문필文筆. 외워두면 좋을 문장을 따로 기록해 둔다.
범례凡例. 옛 작가가 쓴 독특한 문투를 사례별로 기록해 둔다.
제서관섭인용諸書關涉引用. 많은 작품들의 상관관계를 따져보고 그 본문을 적어둔다.

취칙取則. 인생과 사회생활에 쓸모 있을 옛사람의 행위 가운데 본받고 싶은 것을 따로 기록해 둔다.

시재詩材. 시를 쓸 때 이용할 일화나 말을 분류하여 기록해 둔다.

지론持論. 선배의 주장과 논리에 불만스러운 것이 있으면 자신의 견해를 첨가해 둔다.

궐문闕文. 내가 모르는 어휘나 옛 일 등을 모두 따로 기록해 둔다.

시와 문장을 전문적으로 쓰는 작가의 창작을 위한 독서 방법으로 제시한 것으로 보인다. 800년 전의 낡은 방법으로 여기기에는 눈여겨 봐야 할 것이 너무 많다.

나는 《문단》을 읽다 이 내용을 접하고 하나하나 음미해보았다. 다양한 독서 체험과 창작 경험이 없었다면 이러한 독서법은 나올 수 없을 것이란 생각이 들었다. 원호문의 독서법은 작가를 지망하거나 저술을 목표로 하는 사람에게는 매우 친절하고 구체성을 띤 것이다.

별스럽게도 그의 독서법은 하나같이 기록하는 것을 강조했다. 그저 책을 읽고 팽개쳐두지 말고 그것을 하나의 정보로 간주해 메모하라고 했다. 일회성 독서나 부스러기 지식의 축적에 머물지 말고 읽은 책의 내용을 제 것으로 만들자는 주장을 폈다. 독서를 통해서 많은 지식을 얻고, 또 그 지식을 체계화하려 한다면 저러한 독서법이 유용하지 않을까? 포괄적이요, 추상적이란 느낌을 주는 보통의 독서법과는 달리 허황하지 않고 실용적인 독서법이라는 느낌을 받았다.

독서법의 차이는 바로 학문의 차이를 낳는다. 원호문이 사료의 빈곤을 딛고 홀로 금金의 역사를 엮고, 해괴한 전설을 모은 《속이견지續夷堅志》를 편찬한 바탕에는 이러한 독서법의 영향이 없지 않았으리라. 얼마 전에 나는 손에 들어오는 작지만 약간 두터운 공책을 두 권 마련했다. 독서 10법 가운데 찬언과 문필과 취칙을 흉내내고 싶어서다.

거처하신 곳은 반드시 조용했고, 책상 주변은 반드시 깔끔하게 청소하셨다. 벽에는 도서가 가득했으나 늘 정리되어 어지럽지 않았다. 새벽에 일어나셔서는 반드시 향을 피우고 조용히 앉아 하루 종일 책을 보셨다. 한 번도 나태한 모습을 뵐 수 없었다.

평상시 먼동이 트기 전에 일어나 이부자리를 개고 세수하고 머리를 빗고 의관을 정제하신 다음, 날마다 《소학小學》으로 자신을 조율하셨다.

*경상, 건국대학교 소장

지식에 앞서 학문하는 자세를 배우다
참스승 퇴계 이황과 다산 정약용

초등학교 때부터 헤아려보면 참 많은 선생님의 훈도를 받았다. 지금도 기억에 남는 선생님들이 적지 않다. 초등학교 때 바위 낚시를 데리고 가주신 P 선생님, 고등학교 시절 고전을 통째로 외우게 한 국어 선생님에 대한 인상 깊은 추억이 가슴에 남아 있다. 또 대학에서 학문적 자세와 방법을 연마시켜주신 교수님의 모습이 아직도 생생하다.

강의를 하다 보면 때론 나도 모르게 옛 선생님의 강의 버릇이 튀어나와, '선생님께 동화된 점이 적지 않구나' 하는 생각이 들기도 한다. 선생님의 인간적 풍모가 가르침을 받은 내용보다 더 오래 남아 있다. 교육이란 스승과 제자 사이의 인간적 유대감이 무엇보다 앞서는 것임을 나이가 들수록 인정하게 된다. 옛날의 스승과 제자 사이는 내가 경험하는 것보다 훨씬 끈끈한 유대감이 있었다. 거기에는 감동적인 드라

마도 적지 않다.

스승님의 일거수일투족을 배우다

증자曾子의 제자 가운데 공명선公明宣이란 이가 있었다. 3년 동안 문하에 있는 그가 책 읽는 꼴을 한 번도 보지 못하자 참다못한 스승은 꾸지람을 했다. 그런데 공명선의 대꾸가 뜻밖이었다.

스승님! 제가 공부하지 않으면서 문하에 머물 수 있겠습니까? 저는 지난 3년 동안 스승님의 일거수일투족을 배우려고 애썼습니다. 집안에서 몸가짐과 손님 접대 예절, 벼슬길에서 마음가짐을 어떻게 하시는지 눈여겨보았습니다. 그러나 아직도 스승님처럼은 되지 않습니다. 제가 공부하지 않다니요?

공명선의 대답을 듣고 난 증자는 그의 공부를 인정하지 않을 수 없었다. 그저 책을 읽는 것만이 공부가 아니라 책에 담긴 내용을 실천하는 것이 진정한 공부요, 스승의 삶을 배우는 것이 큰 공부인 것을 인정해야 했다.

연암 박지원은 그런 공명선을 두고 독서를 매우 잘한 사람이라고 평했다. 책은 책대로 내용은 내용대로 따로 노는 독서, '도능독徒能讀 (그저 책을 잘 읽는 것에만 열심인 속된 공부)'을 비판하던 연암에게 공명선의 공부는 그야말로 진정한 공부로 보였다. 책이 아니라 스승의 일상생활에서 직접 배우고 있다고 말함으로써 연암은 실천의 중요성을 일깨웠다.

옛부터 직접 목도한 스승의 언행을 선비들이 기록으로 남긴 이유가 여기 있다. 스승과 제자들이 삶을 통해 교감한 모습은 비교적 많이 남아 있는 편이다. 그 가운데서도 퇴계 이황과 다산 정약용이 제자들과 정을 주고받은 것이 가장 인상적이다.

지식에 앞서 학문하는 자세를 배우다

퇴계退溪 이황李滉은 새삼스레 설명할 필요조차 없는 조선 중엽의 대학자이자 뛰어난 시인이다. 그는 벼슬하여 더러 정치에 참여하기도 했고, 지방관으로 일하기도 했다. 하지만 그 무엇보다도 조선의 성리학性理學을 정립한 학자로서 위상이 가장 높다. 조선시대 학술을 대표하는 스승으로 퇴계를 꼽지 않을 사람은 아마 없을 것이다.

퇴계는 많은 제자를 양성해 조선시대 가장 큰 학맥學脈을 이루었다. 제자의 수도 많았고, 큰 인물로 성장한 이들도 적지 않았다. 그 제자들의 행적을 기록한 《도산급문제현록陶山及門諸賢錄》에 따르면 제자가 368명으로 나온다.

《도산급문제현록》에 수록된 기대승奇大升, 유성룡柳成龍, 정구鄭逑, 김성일金誠一, 조목趙穆, 정탁鄭琢과 같은 명사들은 조선 중엽을 빛낸

쟁쟁한 학자이자 정치가들이다. 성리학으로는 기대승, 정구, 정탁, 조목 등이 앞섰고, 정치가로는 유성룡, 김성일이 두각을 나타냈다. 한 시대를 이끈 학자들이 퇴계의 문하에서 대거 배출되었다.

퇴계의 제자들은 《퇴계선생언행록》에 자신들이 바라본 스승의 삶과 학문을 소상히 기록해 두었다. 스승의 가르침은 물론 일거수일투족까지 마음에 새겨 그것을 글로 남겼던 것이다. 그중 학봉鶴峰 김성일金誠一이 바라본 퇴계의 일상은 이러했다.

거처하신 곳은 반드시 조용했고, 책상 주변은 반드시 깔끔하게 청소하셨다. 벽에는 도서가 가득했으나 늘 정리되어 어지럽지 않았다. 새벽에 일어나셔서는 반드시 향을 피우고 조용히 앉아 하루 종일 책을 보셨다. 한 번도 나태한 모습을 뵐 수 없었다.
평상시 먼동이 트기 전에 일어나 이부자리를 개고 세수하고 머리를 빗고 의관을 정제하신 다음, 날마다 《소학小學》으로 자신을 조율하셨다.

스승 퇴계의 일상은 정돈되고 온화한 기상이 넘친다. 여러 제자들이 한목소리로 퇴계의 일상을 술회한 것으로 보아 과장은 아니지 싶다. 스승이 새벽에 일어나 독서하는데 나 몰라라 코를 골며 잘 만큼 무신경한 제자는 그 문하에 머물 수 없었다. 제자들더러 아침 일찍 일어나 공부하라고 굳이 퇴계가 입을 열 필요는 없었다.
학봉은 퇴계에게 지식을 배우기에 앞서 학문하는 자세를 배웠을 것이다. 그것도 말이 아니라 스승의 삶을 통해서다. 스승과 제자 모두 행동으로 드러나는 학문 자세를 중시했다. '말로 이치를 떠드는 자는 마음으로 얻은 자가 아니다'는 성리학이 강조하는 공부법의 특징이기도 하다.

200년 전 스승에게서 잘 배운 제자

퇴계의 가르침은 문하에서 직접 공부한 제자들의 전유물은 아니다. 퇴계에게 직접 배우지는 못했지만 그를 흠모한 학자가 많았다. 다산 정약용이 그중의 하나다.

퇴계 사후 200년이 지난 1795년(정조 19), 다산은 충청도 청양의 금정찰방金井察訪으로 좌천된 후 날마다 아침 일찍 일어나 퇴계의 편지 글 한 편을 읽고 그 독후감을 써서 모아두었다. 그의 나이 34세 때의 일이다. 이 글들은 나중에 《도산사숙록陶山私淑錄》이라는 이름의 책으로 묶였다. 수백 년의 시간을 초월해 옛 스승이 남겨놓은 편지를 읽으며 다산은 마치 자신이 친절한 가르침을 받고 있는 듯한 느낌을 가졌다. 어느 날 다산은 퇴계가 1563년, 이중구李仲久에게 답한 편지를 읽다가 깜짝 놀랐다.

제가 쓴 〈도산기陶山記〉와 〈도산잡영陶山雜詠〉이 그대의 책상 위에까지 올라갔다고 하니 너무도 땀이 나고 송구스럽습니다. 이러한 것들은 본래 지어서는 안 되지요. 산에 사는 사람에게 아무 일이 없다 보니 그저 필묵으로 장난을 치며 즐긴 것뿐입니다. 글상자에 감춰두고 아이들에게도 보여주지 않았습니다. 그러던 중 뜻을 같이 하는 벗 여럿이 멀리서 나를 찾아와 사흘 밤을 자고 갈 때 선물할 것이 없어 경계를 깨뜨리고 꺼내 보여주었습니다. 벗들이 가져가겠다고 조르기에 막지 못하고 퍼뜨리지나 말아달라고 간곡히 부탁했지요. 그런데 벗들이 내 말은 아랑곳하지 않고 남에게 보여주었나 봅니다. 아니면 그 글을 베낄 때 아이들이 베껴서 내보냈는지도 모릅니다. 남이 모르게 하려면 차라리 짓지 않는 게 낫다고 합니다. 이미 짓고서 다시 비밀에 부치는 짓은 옛사람이 비웃은 바인데 제가 이러한 경계를 범하고 말았습니다.

자신이 쓴 시문이 남에게 읽힌다는 소식을 접하고서 글상자에 꼭꼭 숨겨두지 못했다고 자책하는 내용의 편지다. 은근히 널리 알려지기를 바라는 내숭이라곤 찾아볼 수 없다. 퇴계의 조심스러운 성품이 물씬 배어나는 편지다. 다산은 이 편지를 읽고 난 소감을 이렇게 적어두었다.

나는 평소에 큰 병통이 있다. 무릇 생각한 것이 있으면 바로 글로 지어내고, 지은 것이 있으면 남에게 보이지 않고는 못 배기는 버릇이다. 생각이 떠오르는 즉시 붓을 잡고 종이를 펴서 잠시도 머뭇거리지 않고 써내려가고, 글을 짓고 나서는 스스로 사랑하고 스스로 좋아한다. 문

자文字를 조금이라도 아는 사람을 만나면 내 주장이 흠이 없는지 편벽
된지 아니면 만난 사람이 가까운지 먼지를 미처 헤아리지 않고 급히
보여주려고 건넨다. 그러므로 남에게 한바탕 말하고 나면 뱃가죽 안과
상자 속에는 한 가지 물건도 남아 있는 것이 없다. 그로 인하여 정신과
기혈氣血이 흩어지고 새어나가서 쌓이고 익어가는 맛이 전혀 없는 듯
하다. 그리하고서야 어찌 성령性靈을 함양涵養하고 몸과 명예를 보전할
수 있겠는가.
요즈음 와서 점검해 보니, 모두가 경천輕淺(가볍고 얕음) 두 글자가 빌미
가 된 결과다. 이것은 덕을 숨기고 수양하는 공부에 크게 해로운 데 그
치지 않는다. 비록 주장이 현란하고 글솜씨가 화려하다고 해도 차차로
천박하고 값싸져서 남에게 존중을 받지 못하게 된다. 지금 선생의 말
씀을 읽고 보니 느끼는 바가 한결 크다.

다산은 성급하게 글을 쓰고 남에게 알려지기를 바라는 자신의 성향
을 퇴계의 편지글을 읽고서 반성하고 있다. 다산은 오히려 퇴계를 직
접 대면하고 배운 제자들보다 그의 가르침을 더욱 절실하게 받은 것
같다. 200년 전의 스승에게서 잘 배운 제자라 해도 좋겠다.

다산이 제시한 참된 공부법

그런 다산도 세월이 흘러 누군가의 스승이 되었다. 다산은 신유박

해 때 중죄인으로 분류되어 강진으로 유배되었다. 유배지에서 그는 수십 명의 제자를 길렀고 그들 젊은 선비들 가운데 여럿이 큰 학자로 성장했다.

황상黃裳(1788~1863)이라는 시인이 바로 그중 하나다. 중죄인으로 강진에 유배되었기에 강진 사람들은 다산이 나타나면 대문을 걸어잠갔다고 한다. 그때 주위의 시선에 아랑곳하지 않고 다산이 머문 동천 여관으로 찾아온 제자가 몇 있었는데, 황상이 그 가운데 끼어 있었다. 다산이 그를 처음 대면하는 광경을 다산의 아들 정학연丁學淵은 이렇게 묘사하였다.

아버님께서 순조 신유년(1801, 당시 연세가 40이셨다)에 화를 만나 강진에 귀양가서 몇 년 동안 고을 사람과 접촉하지 못하셨다. 임술년(1802)에 총각머리로 문앞을 지나가는 자중子中(황상의 자)을 처음 보게 되었다. 비록 뿔송곳을 차고 다니는 아동이기는 했지만 뛰어나 얽매임이 없는 모습을 보고 평범하고 녹록한 아이가 절대 아니라고 생각하셨다. 마침내 책을 끼고 오는 여러 학동 가운데서 특별히 불러 말을 건네시고는 몹시 기특하게 여기셨다. 자중도 한 번 뵙고는 배우고자 하는 뜻을 굳게 가져 그날부터 스승으로 모시며 잠시도 떨어지지 않았다. 경전과 사서를 뽑아서 읽었는데 명을 거스름이 없이 10년을 하루같이 배웠다.

(〈정황계첩서丁黃契帖序〉)

평범한 시골 총각 황상은 15세 되던 임술년 10월 10일, 강진의 한 주막에 머물고 있던 다산과의 첫 만남을 이렇게 시작하였다. 황상은 그 인연을 결코 잊지 않았다.

황상은 스승을 처음 뵌 날로부터 60주년이 되는 임술년(1862), 75세의 노인이 되어 그때를 회상하며 〈임술기壬戌記〉를 썼다. 그 글에는 사제의 첫 만남이 이렇게 기록되어 있다.

내가 스승님께 배운 지 이레 되던 날, 스승님은 문사文史를 공부하라는 글을 내려주시며 말씀하셨다.
"산석山石(황상의 아명)아, 문사文史를 공부하도록 해라!"
나는 머뭇머뭇 부끄러워하며 말씀을 올렸다.
"제게 세 가지 병통이 있습니다. 첫째는 둔하고, 둘째는 꽉 막혔고, 셋째는 미욱합니다."
그러자 선생님은 말씀하셨다.
"공부하는 자들이 갖고 있는 세 가지 병통을 너는 하나도 갖고 있지 않구나! 첫째는 기억력이 뛰어난 병통으로 공부를 소홀히 하는 폐단을 낳고, 둘째는 글짓는 재주가 좋은 병통으로 허황한 데 흐르는 폐단을 낳으며, 셋째는 이해력이 빠른 병통으로 거친 데 흐르는 폐단을 낳는다. 둔하지만 공부에 파고드는 사람은 식견이 넓어지고, 막혔지만 잘 뚫는 사람은 흐름이 거세지며, 미욱하지만 잘 닦는 사람은 빛이 난다. 파고드는 방법은 무엇이냐. 근면함이다. 뚫는 방법은 무엇이냐. 근면함이다. 닦는 방법은 무엇이냐. 근면함이다. 그렇다면 근면함은 어떻게 지속하느냐. 마음가짐을 확고히 갖는 데 있다."

다산은 자신의 무능을 탓하는 소년에게 그 무능이 공부에 지장이 아니라 오히려 장점이 될 수 있다며 용기를 북돋워주었다. 공부의 방법은 첫째도, 둘째도, 셋째도 열심히 하는 것밖에 없다고 했다. 그러려면 공부하고 싶다는 마음을 확고하게 다져야 한다. 재능을 믿고 공부를 게을리하는 것보다 남에게 뒤처지는 재주를 근면과 열성과 끈기로 극복하는 것이 참된 공부법이라고 다산은 힘주어 강조했다. 이런 말이 시골의 어린 황상에게 얼마나 큰 감동과 자극으로 다가왔겠는가? 황상은 뒤이어 이렇게 썼다.

그때 스승님은 동천여관東泉旅館에 머물러 계셨고, 나는 나이 15세 소년으로 아직 관례冠禮도 올리지 않았다. 스승님의 말씀을 마음에 새기고·뼈에 새겨 감히 잃어버릴까 두려워했다. 그로부터 지금까지 61년의 세월이 흘렀다. 그 사이 더러 책을 놓고 쟁기를 잡을 때도 있었지만 그 말씀만은 늘 마음속에 간직하고 있다.

다산의 격려는 공부를 시작한 제자의 용기를 북돋워주는, 따뜻하면서도 준엄한 스승의 마음을 담고 있다. 스승의 말씀은 소년 황상을 송두리째 사로잡았다. 그 가르침을 실천에 옮긴 황상은 시골 소년에서 훌륭한 시인으로 성장했다. 그는 부패한 사회를 고발하고 풍자한 다산의 시풍을 충실하게 계승해 《치원유고卮園遺稿》라는 문집을 남겼다. 규모면에서는 소박하고 작은 문집이지만 매우 수준 높은 작품을 많이 담고 있는 작품집이다.

 황상은 문화의 변방 강진의 아전 자제였지만, 추사秋史 김정희金正喜도 "지금 세상에 이러한 작품이 없다"라고 칭찬할 정도였다. 황상이 그렇게 되기까지는 스승 다산의 가르침이 절대적이었다. 강진의 동천여관에 머물고 있던 시절, 다산의 모습을 묘사한 황상의 시에서 나는 스승과 제자의 교감을 목격한다.

단신으로 위기에 봉착하여	一身臨槀兀
절역絶域의 폐가에 세들어 사시네	絶域賃弊廬
누가 알랴! 천하의 보배를 품고	誰知懷鄭遵和
처연히 홀로 주저하시는 줄을	含悽獨躊躇
보내시는 고향 편지 수십 줄에는	家書數十行
빽빽하게 경계하는 글뿐	密密皆戒書
출세한 이후 스무 해 동안	出身二十年
식구들은 푸성귀만 달게 먹었지	家室甘菜蔬
들보 위에 숨겨놓은 돈도 없고 보니	旣無梁上錢
무슨 수로 꽃 돼지를 배불리 먹나	何由飽花猪
국가의 살 길 두루 논하시느라	凡論邦國活

입 안에는 침조차 고여 있지 않으시네	口液無有餘
관장이 적임자가 아니면	長吏或匪人
가난한 백성이 수탈당하고	窮蔀多侵漁
시름과 분노를 삭이지 못한	憂憤無奈何
대장부들 결국은 일어서리라.	百夫竟赳趄

《〈두보의 시에 차운하여 동천여관에 받들어 올린다次杜韻 奉上東泉旅館〉》

　시 제목에서 이 시를 지어 '동천여관'에 받들어 올린다고 하였다. 여관이란 그곳에 머물며 제자를 가르치던 다산을 가리킨다. 비상한 재능을 품었지만 시골 여관으로 쫓겨날 수밖에 없었고, 그럼에도 불구하고 위기에 빠진 국가를 살릴 계책을 세우느라 입에 침이 마르도록 따져드는 다산의 모습이 역력하다.

　제자들에게 다산은 그런 모습으로 비쳐졌고, 황상은 그 모습을 이처럼 인상적으로 묘사하여 스승에게 올렸다. 강진의 한 쓰러져가는 여관에서 더벅머리 총각 몇 사람을 앞에 앉히고, 망해가는 조선을 살릴 계책을 토해내는 다산의 형형한 눈빛이 어린 제자들에게 어떠한 자극을 주었는지 이 시를 읽으며 떠올린다.

이인상李麟祥, 〈송하수업松下授業〉, 종이에 담채, 28.7×27.5cm, 개인 소장

송욱이 크게 기뻐하여 과거를 베풀어 선비를 시험할 때마다 반드시 유건을 쓰고 시험장에 나아가 제 스스로 답안지에 비점을 치고 큰 글씨로 높은 등수를 썼다. 그리하여 한양 속담에 일이 반드시 이루어지지 않을 것을 두고 '송욱이 과거에 응시하기'라고들 한다. 그 이야기를 들은 군자들이 '미치기는 미쳤으나 선비로다! 과거에 응시하기는 했으나 과거에 뜻을 둔 자는 아니다' 라고 했다.

*유건, 이화여자대학교박물관 소장

선인과 범인이 다른 길을 가는 갈림길
과거를 포기하고 금강산으로 떠난 신광하

해마다 한 차례씩 대학에 들어가기 위해 수험생은 수능시험을 치른다. 수험생과 그 가족의 스트레스는 날이 갈수록 더해간다. 대학가는 길만 그런 것이 아니라 공무원이 되기 위한 각종 시험도, 좋은 기업에 들어가기 위한 입사시험도 대개 수십 아니 수백 대 일의 경쟁이 다반사다. 예나 지금이나 시험 스트레스는 마찬가지인 모양이다. 100년 전에는 인생의 성패가 과거科擧 합격에 달려 있었다. 선비는 일생의 승부를 과거에 걸었기 때문에 합격한 자가 용문龍門에 오른 격이라면, 불합격한 자는 쓰디쓴 좌절을 곱씹어야 했다. 중국도 마찬가지여서 청나라 때 나온 장편소설 《유림외사儒林外史》를 보면 십수 년을 번번이 낙방만 해온 응시자가 정작 과거에 합격했다는 소식을 듣자 갑자기 머리가 멍해지더니 미쳐버렸더라는 이야기가 나올 정도다. 과거시험의 스트레스가 몰고온 웃지 못할 사연이다.

과거에 낙방하고 미쳐버린 선비 이야기

조선에도 비슷한 내용을 가진 작품이 있다. 박지원의 〈염재기念齋記〉에는 과거에 번번이 낙방한 송욱宋旭이란 선비가 미쳐버린 이야기가 실려 있다. 어느 날 술에 취해 자다 일어난 송욱은 세상은 모두 그대로인데 자신만 사라져버린 것을 알고 당황해 한다. 눈을 휘둥그레 뜨고 자신이 잠자던 자리를 살펴보았다. 저고리는 옷걸이에, 바지는 횃대에, 갓은 벽에, 허리띠는 횃대 끝에 매달려 있고, 책상 위에는 책이 놓여 있으며, 거문고는 가로 놓여 있는 등 모든 것이 제자리에 있는데 자기만 없었다. 제 자신이 미쳐서 벌거벗은 몸으로 나갔다고 생각한 송욱은 옷을 입히기 위해 사방을 돌아다니며 제 자신을 찾아다녔다. 그러다가 점쟁이에게 찾아가 점을 치니 과거에 높은 성적으로 붙겠다는 점괘를 얻었다. 그 다음 대목은 이렇다.

송욱이 크게 기뻐하여 과거를 베풀어 선비를 시험할 때마다 반드시 유건儒巾(조선시대 선비들이 쓰던 모자. 검은 베로 만들었음)을 쓰고 시험장에 나아가 제 스스로 답안지에 비점批點(시나 문장을 평가할 때, 특히 잘 지은 대목에 찍는 둥근 점)을 치고 큰 글씨로 높은 등수를 썼다. 그리하여 한양 속담에 일이 반드시 이루어지지 않을 것을 두고 '송욱이 과거에 응시하기'라고들 한다. 그 이야기를 들은 군자들이 '미치기는 미쳤으나 선비로다! 과거에 응시하기는 했으나 과거에 뜻을 둔 자는 아니다'라고 했다.

송욱의 이야기는 시험에 의한 능력 평가의 폐단을 지적하는 삽화다. 한 개인의 운명이 오로지 과거에 달려 있던 시대의 씁쓸한 풍경이 아닐 수 없다. 현실적으로 과거를 보지 않을 수는 없으나 과거에 집착하는 것이 불명예가 되는 시대의 풍경이 보인다. 그리하여 송욱처럼 미치지는 않았지만 타락한 과거제도에서 벗어나려 몸부림친 지식인이 종종 나타났다.

과거장의 살풍경

조선 후기에는 경쟁이 극심해 과거 응시자만도 수만 명이 넘고 그에 따라 시험장에서 벌어진 사고도 많았다. 정조 연간의 유명한 문장가 연암 박지원도 젊은 시절 몇 차례 과거에 응시한 적이 있다. 어느 땐가 몰려든 응시자들에게 짓밟혀 죽을 고생을 한 끝에 결국 낙방한 연암은 뒷집의 합격자에게 이런 축하 편지를 보냈다.

무릇 요행을 말할 때 '만에 하나'라고들 합니다. 어제 과거 응시자가 수만 명 아래로 내려가지 않는데, 방에 이름이 오른 사람이 겨우 20명에 지나지 않으니 '만에 하나'라고 말해도 되겠지요. 시험장 문에 들어가느라 서로들 밟고 넘어져 죽고 부상한 자가 무수하지요. 형제들끼리 부르며 찾아다니다 혹시라도 만나면 손을 잡고서는 죽었다 다시 살아난 사람을 만난 듯 여기므로 '열에 아홉'은 저승 문턱까지 갔다 왔다고 말해도 되겠지요. 지금 그대는 '열에 아홉'까지 갔던 저승 문턱에서 벗어났고, 게다가 '만에 하나'에 해당하는 이름을 얻었습니다. 그대에게 많은 사람들이 하듯 저는 '만에 하나'의 영광을 축하할 마음은 없지만, '열에 아홉'은 저승에 갈 위험한 시험장에 더 이상 들어가지 않아도 된 것만은 축하드립니다. 마땅히 직접 찾아뵙고 축하드려야 하겠지만 저 역시 '열에 아홉'은 저승 문턱까지 갔다 온 뒤인지라, 지금 자리보전한 채 신음하고 있으니 조금 무심함을 용서하시기 바랍니다.

합격자에게 보낸 축하편지이므로 시원스럽게 축하하면 될 터인데 내용은 그렇지 않다. 내용인즉 '만에 하나'에 포함되어 과거에 합격한 것을 축하하기보다는 '열에 아홉'은 저승에 갈 위험한 시험장에 더 이상 들어가지 않아도 된 것을 축하한다고 했다. 편지는 처음부터 끝까지 냉소적이다.

아닌 게 아니라 정조 연간에는 너무 많은 응시자가 한꺼번에 몰려드는 바람에 압사자와 부상자가 속출했다. 요행수나 기대해야 하는 시장바닥 같은 시험장 체험은 박지원이 과거를 완전히 포기하기로 결심한 데 일조한 듯하다. 출세를 위한 통로가 오로지 과거 한 길로 국한되었으니 조금이라도 능력을 자부하는 사람은 과거장으로 달려가는 것이 당연했다. 이런 사실을 절감한 박지원은 그 특유의 풍자와 해학으로 과거장의 살풍경을 희화화했다.

사정이 이렇다 보니, '과거는 장사꾼이나 할 일'이라며 시험을 부정하는 사람들도 나타났다. 박지원과 동시대 사람으로 저명한 시인인 신광하申光河도 그 중 한 사람이다. 그는 서울로 과거 보러 가면서 외사촌에게 "비가 오면 시험장에 들어가 몸을 더럽히는 일일랑 하지 말자"고 약속했다. 시험 당일에 비가 쏟아져 내리면, 비를 피하기 위해 시험장은 아수라장이 되기 때문이었다. 그런데 시험이 치러지던 날 정말 가랑비가 내렸다. 두 사람은 약속대로 시험장에 들어가지 않았다. 쓸쓸한 마음을 달래려는 듯 신광하는 홀연히 금강산으로 여행을 떠났다. 그 소식을 들은 이용휴李用休는 그런 신광하야말로 글을 써 출세나 바라는 범인과는 확연히 구분되는 신선 같은 사람이라는 헌사를 써서 보냈다. 다음은 〈금강산으로 떠나는 신광하를 보내며送申文初遊金剛山序〉의 전문이다.

금강산은 명성이 드높아 거마車馬 탄 자들이 몰려드므로 먼지와 오물이 날마다 쌓여만 갔다. 정유년 가을 8월, 하늘이 큰비를 내려보내 금강산을 한번 씻어내어 본래 자태가 그제야 드러나게 되었다.

글 잘하고 기이함을 좋아하는 선비 신문초申文初(문초는 신광하의 자字)가 있어 그 소식을 듣고 길을 떠난다. 이를 사람에 비유하자면, 이전에 본 것은 병든 모습에 땟국에 절은 낯짝이요, 이제 볼 것은 세수하고 몸단장하여 의젓하게 손님을 맞는 때이다. 문초가 바로 이때에 유람하니 다행이로다!

문초가 동해로 떠나는 때는 바로 나라 안의 자격 갖춘 선비들이 과거 보는 그날이다. 이는 또 선인仙人과 범인凡人이 다른 길을 가는 갈림길이다.

금강산 여행을 떠나는 신광하에게 잘 다녀오라는 인사가 이 글의 주제일 것이다. 하지만 표면적인 주제다. 다른 선비들은 모두 과거시험 보러 가는 바로 그때 행장을 꾸려 금강산으로 떠나는 신광하의 초연함에 대한 칭송이 진짜 주제다. 그것이 바로 선인과 범인의 차이다. 출세와 명예를 위해 마지못해 과거장으로 가는 사람이 범인凡人이라면 그런 굴레를 과감히 벗어던진 사람이 선인仙人이다. 선인이 된다는 것은 결코 쉽지 않다. 전해 오는 기록에 따르면, 신광하는 여러 사람들의 만류에도 불구하고 초연히 금강산으로 떠났다 한다.

박지원과 신광하가 과거를 포기한 계기는 시험장의 문란과 구차하게 비를 맞으며 시험을 보지 않겠다는 것이었다. 하지만 과거가 그렇게 쉽게 포기할 간단한 시험은 아니다. 그런 것은 하나의 계기일뿐 진정한 이유는 심각한 데 있었다. 과거가 사람의 능력을 올바르게 평가할 수 없다는 것, 평가가 공정하지 않다는 것 등 과거 자체에 대한 회의가 주요한 이유였으리라. 끝내 과거시험을 통하지 않았지만 박지원은 조선시대가 낳은 가장 위대한 작가이자 학자가 되었고, 신광하 역시 당대를 대표하는 시인이 되는 데 아무 문제도 없었다. 오히려 그들은 제도의 구속을 벗어났기에 자아를 실현했다고 말할 수 있다.

선비답게 산다는 것

⊙ 2007년 2월 1일 초판 1쇄 발행
⊙ 2021년 11월 10일 초판 15쇄 발행
⊙ 글쓴이　　　　안대회
⊙ 펴낸이　　　　박혜숙
⊙ 펴낸곳　도서출판 푸른역사
　우) 03044 서울시 종로구 자하문로8길 13
　전화: 02)720-8921(편집부) 02)720-8920(영업부)
　팩스: 02)720-9887
　전자우편: 2013history@naver.com
　등록: 1997년 2월 14일 제13-483호

ⓒ 안대회, 2021

ISBN 978-89-91510-40-1 03900

· 잘못 만들어진 책은 교환해드립니다.